U0697206

龍啟瑞集

3

桂學文庫·廣西歷代文獻集成

潘琦 主編

廣西師范大學出版社
GUANGXI NORMAL UNIVERSITY PRESS
·桂林·

爾雅經注集證

爾雅一書學者多苦其難讀蓋其書止立篇目不分科段至於句讀因以混淆而傳習者復以近鄙別字亂之雖郭景純陸元朗之儒尚不能有所諟正唐宋以降其學漸微

國朝諸儒潛心經學始復表章此書其中箋疏文義以邵郝之學爲尤精訂正文字以盧阮之書爲最備暇輒折衷數子博采羣言於發疑正讀之閒務求講明至是諸說不同者則擇取其至善閒復參以鄙見求析所疑凡所易知及無關小學者皆不復錄以學者探抉閎深自有諸家之全書在此特爲家塾便讀之本故無取其繁焉書成姑名之曰爾雅經注集證用附本經之末云爾道光二十八年十二月臨桂龍啟瑞序

是書成於楚北官署就正於興國刺史山左澤農潘君克溥承君析疑正誤資益頗多今俱采其言入集證中君所著有經廚餘芳惜未之見

兵戈未靖友朋寥落僕此後猶得從事丹鉛與素心人往復辨論詎非吾生之厚幸耶時咸豐甲寅正月檢校舊文聊識數言於簡首

引用書目

陸德明經典釋文

邢昺爾雅疏

臧琳經義雜記

全祖望經史問荅

盧文弨爾雅釋文攷證

錢大昕十駕齋養新錄　潛研堂文集

彭元瑞石經考文提要

邵晉涵爾雅正義

段玉裁說文解字注　經韵樓集

錢坫爾雅釋地四篇注

孔廣森經學卮言

武億經讀攷證

阮相國爾雅校勘記　揅經室集

臧鏞堂爾雅漢注　拜經日記

陳壽祺左海經辨

郝懿行爾雅義疏經注本分段悉依郝本閒以邢本參之

宋翔鳳過庭錄

爾雅經注卷上集證　臨桂龍啟瑞纂　男繼棟恭校刊

釋詁

箌 經文

阮相國爾雅校勘記云釋文唐石經各本俱作箌元槧本作菿盧文弨曰釋文引說文草大也則字當從艸今說文爾雅皆有誤　按今說文艸部有⿱艹致字訓艸大也而菿字訓艸木倒無復文義⿱艹致當即菿之訛段氏說文解字注正之是也詩倬彼甫田釋文引韓詩亦作箌潘克溥云說文訓竹爲冬生艸則竹亦艸類不可訓艸大乎古書殘缺實難臆斷一姑從蓋闕可耳

晊 經文

邵晉涵爾雅正義云晊本作郅史記索隱引樊光云郅可見之大也

蓆經文

唐石經及諸本同阮云釋文蓆音席按說文蓆廣多也詩緇衣毛傳蓆大也當作蓆　按席自有大義從艹者是其分別之文字書中類此者甚多疑古只作席不作蓆也

湯孫奏假注文

阮云明吳元恭仿宋刻經注本作嘏王氏詩考引爾雅注同郭引作嘏以證經之嘏而非釋經之假盖所據魯韓詩

至極注文

邢疏云郭讀晊爲至故云晊極阮云此經注異文之證或郭所據本作至而後人亂之耳

宋曰屆注文

阮云按釋文般郭音屆孫云古屆字此音經般字也又屆音界此音注屆字也爲經注異文之證五經文字般爾雅或作屆非　郝懿行爾雅義疏云郭本孫炎以般爲屆注竟作屆屆字誤也據方言宋曰般　按說文般船著不行也从舟叚聲子紅切音與釋文引顧子公反相近郭本孫炎竟音爲屆亦誤也般屆葢古今字義相似而音實不同孔廣森氏謂般格連文卽商頌所謂般假無言者也按中庸引此作奏假假音格般與奏爲雙聲益知子公切之爲正矣

貢 經文

臧琳經義雜記云說文貝部貢獻功也从貝工聲贛賜也从貝竷省聲是貢贛不同子貢名賜故字子贑贑卽贛之訛作貢者字之省借耳潘克溥云禮樂記作子贛此古字之未改者　爾雅釋詁釋文貢字或作贛是古本亦作正字然

陸德明已不能定其是非而識所歸矣邢疏引左傳爾貢包茅不入爲證誤解賫賜之賫爲貢獻之貢則無足責也

齯 經文

阮云釋文皃五兮反一音如字校者云本今作齯儀禮士冠禮疏引爾雅作皃齒與釋文合當從之　盧文弨爾雅音義攷證云凡本今云云者皆後人以邢本參校所謂今者卽指邢本讀者當分別觀之

謔浪笑敖戲謔也 經文

郝云爾雅此讀以戲謔相屬而以謔浪笑敖四字爲句

謚 經文

盧云毛刻剏改三謚字作諡係依今本說文之誤所致官本從之

訊 經文

釋文作誶盧云邢本作訊案後漢張衡傳思元賦注引爾雅正作誶此與訊字雖可通用然當各依本文

果毅 注文

阮云毅衍文注以毅釋果也經如本有毅字郭引左傳必連致果爲毅

堪 經文

阮云堪戡同字同義但轉相訓耳故釋文於此作堪云本又作戡下不別出明無異文也自唐石經始誤加區別而後人因之或又改注戡黎作堪亦誤

誇奢 注文

阮云釋文夸口花反或作誇非按說文大部夸奢也誇爲言之誇誕在言部

台朕賚畀卜陽予也經文

郝云台朕陽爲予我之予賚畀卜爲賜予之予　臧庸拜經日記引袁又愷說云釋文陽音賜又如字本或作賜據郭注知經文斷作陽不作賜也陸氏所見本異不能辨正故反從誤本爲音耳盧召弓釋文考證轉據以立說非是

卜畀注文

阮云按經文注當作畀卜葢誤倒

導也經文

阮云釋文道徒報反本或作導注及下同按經當作道注教導字作導陸所見本已亂

禕經文

阮云唐石經以下本俱作褘从示吳刻經注本葉鈔釋文本作禕從衣五經文字示部褘美也音猗玉篇示部褘於宜切美皃按說文有从衣之褘無从示之褘凡用褘爲徽美字者取其同音而已傳寫遂誤从示唐石經及五經文字玉篇不可爲典要也

重也經文

郝云重有二音直隴切者說文云厚也玉篇云不輕也直龍切者廣雅云再也內則注陪也二者義亦相成故二讀俱通　按廣韻重有三音三鍾下訓重也疊也直容切二腫下訓多也厚也善也愼也直隴切三用下訓更爲也柱用切釋文於此音直龍反後凡訓重疊者竝同重言重曉皆直用反蓋取更爲之義惟宮謂之重作直冢反意訓重濁也古人每字止有一音魏晉諸儒始生分別今承用之亦不能易也

阬阬　虛也經文

郝云爾雅之虛本以空虛爲義郭云皆謂邱虛蓋失之矣阬阬重文經典所無鄭樵謂衍一字恐是也　按釋文虛許居反墟去魚反二字不同音墟本作虛釋水河出崑崙虛陸亦音去魚反郭蓋混空虛邱墟爲一讀故失之耳

漮經文

臧鏞堂云爾雅漢注引某氏曰周禮云野荒民散則削之大雅召明箋云荒虛也又正義云荒虛釋詁文引某氏此注以證按釋文漮郭云本或作荒則漮即荒字之異文耳

皆謂邱墟耳注文

邵云說文虛大邱也徐鉉云俗作墟非是　阮云此經注異文之明證

瘇 經文

郝云瘇者悝之俗體也說文云悝病也下文云憂也憂病義相成通作里詩悠悠我里傳里病也云如何里㦖里憂也據此爾雅憂病二義其字皆當作悝

疧 經文

阮云疧從氏說文毛傳皆云疧病也今詩亦誤疷

戮逐未詳 注文

阮云戮字當衍

悠悠我悝 注文

阮云上瘇病也注當引十月之交此悝憂也注當引雲漢之詩

倫理事務以相約敕亦爲勞 注文

阮云經無事務字係疏語竄入當衍或當作倫理約敕亦爲勞事務以相四字皆衍文

今字或作窳同 注文

阮云詩召明釋文正義皆引說文窳嬾也一切經音義卷十四引爾雅窳勞也郭氏曰勞苦者多惰窳也承慶云嬾人不能自起瓜瓠在地不能自立故字從胍又嬾人恒在室中故從宀今釋文亦誤作窳蓋因說文脫窳字故諸書誤以穴部字當之又元應書引爾雅窳勞也郭氏曰勞苦者多惰窳也凡七見蓋經作窳注云或作愉今本係後人乙改

按錢氏大昕亦疑此六字非景純原文楊承慶作字統者

思也 經文

郝云思兼二義心所蓄藏謂之意思心所思存謂之思念爾雅前一條

爲意思後一條爲思念故郭於前條注云皆感思釋文音司嗣反而於
後條不復加音葢讀如本音也

祓祿康矣 注文

阮云各本同或依詩改作茀祿爾康矣誤甚按卷阿毛傳曰茀小也與
此異義　郝云鄭箋訓茀爲福較傳合於雅義矣　按此則爾字當有

替 經文

邵郝俱作替從說文也後並同

厎 經文

釋文厎之視反字宜从厂或作底非也底音丁禮反盧云注疏本作底
是陸氏誤以底爲非　按下文厎底皆訓止止有待義則此處作厎作
底俱可通郝云釋言厎致也致亦至也厎者至之待也諸家本亦皆作

底

肆故今也經文

郝云肆有緩急二義因有二訓凡言是故者舒緩之詞凡言卽今者急疾之詞詩緜及思齊傳竝云肆故今也大明及抑箋亦云肆故今也俱故今二字連文郭讀斷開非毛鄭意也

僞也經文

郝云說文云僞詐也从人爲聲按僞之言爲也故廣雅云僞爲也爾雅載謨爲作爲之爲食詐爲詐僞之僞一字兼兩義爾雅此例甚多僞之通爲無可疑矣

頫經文

阮云當從唐石經釋文作覜說文見部覜視也頁部頫低頭也大史卜

書塡仰字如此義別　郝云經典多借塡爲𤭛

鞫訩經文

阮云訩當爲衍文詩節南山毛傳正義竝鞫詰盈訩不詰盈也此殆因注文而衍

厎經文

盧云今注疏正文厎作廢邵氏晉涵所見宋本是厎字皆誤當一依陸氏爲是　按釋文於上厎待也音之視反此作厎从氏亦音之視反說文厂部有从氐之底無从氏之厎則釋文誤也盧氏轉據之以立說非是段玉裁說文解字注云郭注厎義見詩傳謂靡所厎止伊于胡厎傳曰厎至也郭又引國語戾久將厎此爲底字作注也底五經文字石刻譌作厎少一畫不可從顧亭林與潘次耕書分別厎底不同義不知古

無從氐之底也又按郭注戾底將底字俱有誤今據段說訂正

見詩傳 注文

阮云疏云凡注言見詩今毛詩無者葢在齊魯韓詩也今本傳字衍按此與段說不合據釋言昣底致也致至互通郭注亦云皆見詩傳則段說爲長

行或尼之 注文

此與孟子不同邢疏云所見本異或傳寫誤　臧在東云恐當作行或尼之止或使之今本誤倒

質爾民人 注文

阮云或依詩改作人民非按詩正義釋經釋箋皆作民人知開成石經誤倒也

頲道無所屈 注文

阮云頲解已見上不當複出邢疏云道者頲道無所屈此注當作道挺道無所屈左傳周道挺挺注挺挺正直也

矢弛也弛易也 經文

臧云按說文施旗皃徐鍇曰旗之逶迤一曰設也弛弓解也凡延及陳設義當作施凡廢解義當作弛古書二字互通詩江漢矢其文德毛傳矢施也釋文矢施如字爾雅作弛式氏反又禮記孔子閒居作弛其文德論語君子不施其親唐李翺筆解云施當爲弛此以見弛施互相通借郭氏於此處矢弛也讀作如字而訓爲放是不明六書之旨下文弛易也之弛亦施之假借詩皇矣箋云施猶易也延也郭注相延易本此

按釋文弛也音尸紙反弛易施李音尸紙反下音亦顧謝本弛作施

扞易皆以豉反注同如臧說則上下兩文皆當作施或讀弛爲以豉反不當讀如字陸音亦誤

天威棐忱注文

阮云威宋本作畏係據孔本尙書改忱釋文本作諶今作忱亦後人據尙書改

疆經文

阮云釋文壃字又作畺經典作疆假借字按說文畺界字作畺或作疆此當經作畺注作疆嘗謂爾雅之文有較經典獨得其正者此類是也

天王登遐注文

阮云釋文音經假音遐本注讀也此經注異字之證或疑當從禮記作假以合正文非

竭也經文

一阮云釋文渴音竭本或作竭按古竭盡字多作渴此當從陸本說文水部涸渴也渴盡也本此經立部竭負舉也

饋也經文

一盧云釋文本或作餽同按說文饋餉也餽吳人謂祭曰餽義各不同陸氏於此不能辨

舍也經文

一郝云舍有二義亦有二音詩夜切者訓息也書冶切者卽捨之假借爾雅之舍亦兼二音二義釋文惟主一音於義疏矣

郡經文

邵云郡通作窘小雅正月云又窘陰雨箋窘仍也　阮云段玉裁云郡

當爲那之誤按那仍迺乃皆一音之轉經傳未見訓郡爲乃者

數也經文

一邲云爾雅之數兼包二義故釋文亦具二音周禮廩人云以年之上下數邦用鄭注數猶計也此讀色主反者也王制云度量數制鄭注數百、十也此讀色具反者也

相也經文

邲云相字亦兼兩讀釋文獨主失羊一音蓋失之矣

治也經文

邲云釋文治直吏反謝如字按如字者直之反也然二音特語有輕重耳其實非有異也

泆經文

阮云釋文狀姑犬反單疏本作汱從大引注同非也

猶卽繇也古今字耳 注文

臧云禮記鄭注猶當爲搖按今人讀繇聲若猶此聲近致誤之證郭氏習見不察故以爲古今字耳

難也 經文

郝云難字二讀俱通

佞也 經文

郝云佞有二義說文佞巧讇高材也傳云寡人不佞故允任壬本訓爲信爲大而又爲佞美惡不嫌同詞也

亂也 經文

郝云亂蓋敽之假借說文云敽煩也

迓經文

阮云經注俱當作訝釋文訝五駕反本又作迓說文有訝無迓

祔祪祖也經文

郝云此文當祪祖連讀祔必於祪祖者祖親盡則廟毀祔祭於此以新死之主將入此廟故祭而屬之也　按郝此說殊不了說文祖始廟也段玉裁注云始兼兩義新廟爲始遠廟亦爲始故祔祪皆曰祖也然則此文仍當以祖也二字連句

妥安坐也經文

郝云毛鄭俱以安坐訓妥郭及玉篇廣韻竝以妥安訓坐二讀不同於義俱通

嗣先公爾酋矣注文

阮云卷阿正義曰又嗣其先君之功汝主能終之矣訓爾爲汝是孔本有爾字今詩誤脫耳或依詩删注非是

釋言

岠 經文

阮云釋文距又作岠今此注及釋文葢失其舊說文本作歫从止俗改从山 按後釋地岠齊州以南並同

厎 經文

阮云單疏本作厎非五經文字广部厎音指致也

畣 經文

阮云釋文畣古荅字按畣字從田絕無文理舊本隸釋作畣从臼似近是然亦俗字耳

疑經文

郝云疑者㲋之假借也說文云㲋未定也未字盖衍經典俱借作疑鄉射禮注疑止也其音讀則鄉飲酒禮注疑讀如仡然從於趙盾之仡儀禮釋文竝云疑魚乙反此音是也爾雅釋文無音盖讀如字非矣　按疑㲋義別學者識疑不識㲋故經典㲋通作疑說文本有疑㲋二字也郝云疑者㲋之假借亦非

桄經文

阮云釋文桄孫作光古黃反按說文桄充也古文桄橫字通鄭注禮記樂記孔子閒居皆云橫充也此其證尚書光被四表今文作橫古文作光孔傳云光充也與孫叔然本合　按桄充以疊韻爲訓此古東陽相通之理

矜　經文

阮云釋文齡音矜本又作矜蓋經作齡注作矜後人轉寫亂之　臧在東云據華嚴音義引說文矜怜也怜卽俗憐字知唐本說文矛部矜下有憐也一訓今本止有矛柄之義又改玉篇誤从今唐以後字書遂無有作矜者矣三百篇用韻令聲爲眞淸類今聲爲侵蒸類絕不相通知矜憐字毛詩爾雅皆當作矜从令審矣　郝云苦有二義味苦曰苦矜憐其苦亦爲苦也

黻文如兩已相背　注文

按阮相國揅經室集釋黻云古畫黻作亞形明兩弓相背義取於物與斧同類兩已之已何物耶漢書韋賢傳師古注曰黻畫爲亞古弗字也弗字當从弓說文云从丿从乀从韋省必有後人改刪之誤

發也經文

郝云此發字以開明爲義不兼行進爲義郭注有缺脫

蓋割裂也經文

邵云釋文蓋古害反舍人本作害是害蓋通又與割同釋名云害割也是蓋割害三字以聲爲義也

浹徹也經文

阮云釋文浹子協反郭音接錢詹事云說文無浹字當作挾詩使不挾四方毛傳挾達也漢儒諱徹爲通通達義同按爾雅當本作挾徹也與上挾藏也同字異訓詩釋文挾子燮反與郭音接正合正義曰挾者周匝之義周禮浹日釋文挾日字又作浹凡挾作浹皆後人所改

舫舟也經文

按說文方併船也象兩舟省總頭形據此爾雅字宜作方作舫者俗字下文舫泭也並同說文蓋以併船兼箄筏之訓

冥幼也 經文

臧在東云詩斯干傳正長也冥幼也正義曰冥幼本或作冥窈爾雅亦或作窈孫炎曰冥深闇之窈也某氏曰詩曰噦噦其冥爲冥窈於義實安凡唐人義疏引某氏注爾雅即樊光也 但於正長之義不允故據王肅注言宣王之臣長者少者爲說按毛傳長也當從崔靈恩音直良反謂室之寬長幼也亦當從孔陸所見本作窈也郭景純鮮通古義不從樊孫而從王肅深可取笑孔沖遠據王注爲毛說亦失蓋闕之義者也

宨 經文

阮云按葉鈔釋文宨肆也吐彫反窕閒也郭徒了反與唐石經皆畫然

有別今本皆作奘誤甚

奘駔也 經文

郝云奘與壯同釋詁云壯大也此郭義所本據釋文樊光孫炎本竝作將且也　錢大昕養新錄云經典不見奘字當從孫樊本詩方將萬舞將恐將懼箋皆訓將爲且是鄭所見爾雅與孫樊本同潘克溥云詩亦恐之將將訓大且字借義甚多與阻徂趄蛆組等字皆通將訓且則且讀如字將訓大則且音俎與駔音同而通二義可兼會也奘將形近駔且音同故譌奘駔與　按駔字釋文在魯反又子朗反據說文从馬且聲自當以在魯爲正子朗是其轉音今相承以後一音讀駔儈之駔實則皆一聲之轉耳

⿰骨倉 經文

阮云釋文龕苦南反字或作含本今作龕九經字樣云龕龍皃也從龍從今作龕訛　盧云合字亦從含省究以從合爲是

硈　經文

阮云釋文硈苦角反邢疏云硈當從告說文別有硈石堅也字異義同按說文硞石聲從石告聲苦角切段玉裁云據說文知爾雅硈必硞之誤非告聲不得苦角切也　郝云硈訓石聲與鞏義遠硈訓石堅與鞏義近釋詁劼鞏竝云固也釋文劼或作硈古黠反是劼硈通疑此作硈是也

縭介也　經文

臧云縭介也下釋文云李孫顧舍人本竝云⿰糸甫羅也介別也今郭氏無此者所傳本異考字書無⿰糸甫字集韻以爲補之或體義亦不合⿰糸甫蓋縛

之譌說文縛束也束縛有羅維意又說文八別也象分別相背之形介畫也從八從人介畫亦分別之意與雅言義同又按說文云縭以絲介履也則郭義亦通

菼薍也 經文

阮云菼薍也三字爲釋草文誤入潘克溥云按菼騅也但言其色菼薍也注先明其爲草故下乃云菼草色如騅是菼薍也爲注文而誤爲經文據釋文薍字可知觀下華皇也注亦引釋草蕍華榮益明

粲餐也 經文

郝云說文云餐吞也飧餔也二字義別郭本作餐釋文作飧故云飧本又作餐按粲是米名非食名爾雅以粲爲餐明其假借蓋據詩言授子之粲即謂與之以食耳

跋躐也疐跲也 經文

郝云躐者獵之或體也獵有陵獵之意跋者說文云𧿒步行獵跋也𧿒卽跋矣說文跋蹎也爾雅跋當讀爲𧿒釋文跋蒲末反非也又云郭音貝是郭正讀跋爲𧿒矣跲者說文云躓也躓者說文云跲也引詩作載躓其尾通作疐礙不行也臧氏經義雜記二十九論之詳矣

淪率也 經文

郝云率當讀如律史記老莊申韓傳云大抵率寓言也正義曰率類也率律聲同律類聲轉古皆通用淪者詩言淪胥傳並言淪率也

郵通也 經文

臧氏爾雅漢注引犍爲舍人曰尤怨人也按列子楊朱篇矜清之郵般敬順釋文引尒疋尤過也是郵尤通郭讀作郵驛字誤也

虹潰也 經文

阮云毛詩抑實虹小子作虹召明蟊賊內訌作訌傳竝云潰也陸釋文作虹與抑合顧野王作訌與召明合陸顧本皆郭本也李巡本作降與虹音同假借字也

逡巡卻去也 注文

今本無此五字邵據文選東京賦注補

弇 經文

邵郝竝云弇與奄通

鬩恨也 經文

阮云釋文恨孫炎作很云相很戾李巡本作恨注云鬩相怨恨按詩棠棣傳很也本此經當是從叔然本郭據李本爲義失之按廣雅很恨也

是其義通也

遇偶也 經文

阮云據文選注一切經音義所引俱云偶遇也注作偶爾相值值卽釋經之遇今本經文誤倒注衍遇字潘克溥云偶爾相值遇蓋言偶而相值爲遇正釋遇爲偶也阮云注衍遇字恐非是

楮柱也 經文

郝云釋文作揞拄從手非是 阮云郭注相揞拄義當從手者經字則本從木

閑俔也 經文

郝云爾雅釋詩俔當在閑上今本誤倒郭訓閑爲諜非

塊 經文

阮云釋文塊本作甶說文塊俗甶字甶一名塩邢疏引郭云土甶也蓋經作甶注作塊後人亂之

枕甶以塩　注文

阮云按疏云甶當作王此蓋因經文塊作甶相涉致誤

纛也　經文

阮云唐石經作纛下同釋文纛字又作翳葉鈔本作字又作纛則正文當作纛詩君子陽陽毛傳翿纛也釋文纛徒報反俗作纛可證五經文字云纛見詩作纛訛

舞者所以自蔽翳　注文

阮云詩君子陽陽正義引所下有持字

華皇也　經文

盧云釋文華胡瓜反皇胡光反按皇字易識釋詁首見陸不爲作音於此何所疑惑而爲之作音乎因注引釋草曰葟華榮故爲葟字作音耳傳寫脫去艸頭遂以爲正文皇字在華字之下其實非也郭於釋草引此文作皇華也是其明證皇當改作葟舊本作皇華也不誤　臧氏爾雅漢注云舊例作皇華釋文石經俱作華皇按郭注釋草引釋言云華皇也尚未誤今據此移正詩文多用華字故爾雅總釋之云華皇也邢疏云以證皇亦榮華之名是誤倒已久　阮云唐石經單疏本雪牕本俱作華皇也注疏本作皇華也非釋草注引此作華皇也　按據釋草注知臧阮說是盧所謂釋草引此文作皇華也未知所本

釋訓

便便辯也經文

臧在東云爾雅釋訓一篇皆釋詩之訓詁漢初傳爾雅者皆今文之學故與毛詩不同後世三家既亾爾雅之文不可盡考如便便辯也此釋詩采菽平平左右也釋文曰平平韓詩作便便是也按此類文甚多不悉錄詳見經義雜記

繩繩 經文

郝云繩釋文云本或作憴宋本正作憴然憴乃或體字當依經典作繩

怟怟 經文

阮云說文怟愛也从心氏聲無怟字玉篇怟訓悶都替切毛本作怟誤

萌萌 經文

阮云釋文萌萌字或作蔄嚴元照云玉篇艸部蔄下引爾雅存存蔄蔄在也又蔥同上本或作萌廣韻十三耕十七登蔄下皆引爾雅按說文

心部云憪憪存也從心簡省聲讀若簡義本雅訓　按段玉裁說文解字注云蕑與簡相似而竹艸不同又後人音切與簡大異蓋蕑者簡之譌竹誤而爲艸也蕄者憪之譌門誤而爲明也又誤而去心作萌而郭反以武庚玉篇從之又誤而以萌爲萠而陳博士施乾反以貫登廣韻本之此展轉貤繆之故也

洄洄經文

郝云洄者佪之假借玉篇云佪佪惛也　阮云以上儚儚例之當作佪

盪盪經文

阮云釋文蕩蕩本或作盪李巡注亦作蕩與毛詩同

敖敖傲也經文

釋文敖敖本又作謷又作嗷舍人本傲作𧫷臧氏爾雅漢注云按毛詩

十月之交讒口嚻嚻釋文云韓詩作嗸嗸潛夫論賢難引作讒口敖敖蓋嗸者嗸之異敖者嗸之省左傳十三年莫敖漢書五行志中上載左傳作莫嚻尒疋郭本作敖與今左傳及潛夫論合惟傲字當從舍人本作毀

穮也 經文

阮云釋文麃字書作穮引說文字林皆從禾詩載芟經文毛傳正義皆作麃知陸孔所據釋訓本不從禾自唐石經據字書增加而今本承之

悲苦征役 注文

臧云征役當作役征方與下生字韻

琄琄 經文

郝云琄者詩大東傳鞙鞙玉貌釋文鞙字或作琄　按釋文無此語郝

氏誤也釋文於瑱下出鞙璲二字校者云本今無阮云按此當如璲瑞也注引詩鞙鞙佩璲蓋經作瑱注作鞙璲郎瑱字音今本皆無

洩洩 經文

釋文作泄盧云邢本作洩乃俗字阮云蓋沿唐避諱之舊

甹夆 經文

郝云甹夆者蓋德徬之省說文德徬竝云使也聲借爲荓蜂詩小毖傳荓蜂摩曳也正義引孫炎曰謂相掣曳入於惡也

不俟不來也 經文

阮云釋文不竢事已反待也宜從來本今作俟字說文來部竢下引詩不竢不來从來矣聲又作竢或从彳按說文引詩不竢與爾雅合采薇詩古本當作我行不竢其義爲不來竢與疚亦韻也毛詩作來因聲相

近而字脱其半毛傳來至也箋來猶反也皆如字讀失雅訓矣　陳壽祺左海經辨云我行不𠩺者三家詩用借字也爾雅據三家詩以不來釋不𠩺聲近爲訓説文引詩不𠩺不來卽爾雅之文重文徥云𠩺或從彳今隸省作俟倈訓大義與至反之訓違臧庸堂氏謂爾雅作俟之失舊是也謂毛詩由後人改𠩺爲來蓋不然矣

不遹不蹟也　經文

阮云釋文遹古述字按此本孫叔然語爾雅述字多作遹釋詁釋言釋訓三篇皆有之此釋邶風日月篇報我不述也蓋古經有作報我不遹者邢疏引沔水念彼不蹟邵晉涵正義因謂以不俟釋不來以不遹釋不蹟誤甚釋訓一篇皆詩經在上雅訓在下未有倒置之者

玉石之被雕磨　注文

阮云據釋文本作琢又云或作雕非也蓋邢氏所據郭注是雕字

瘍瘡 注文

阮云釋文創初良反按瘡俗創字單疏本注疏本作瘍創也

是刈是鑊 經文

阮云說文乂芟艸也或從刀作刈鑊者詩作濩假借字也邢疏引郭云以煮之於濩故曰濩煮非訓濩爲煮也蓋鼎鑊皆煮器刈與鑊配當竝是器名故齊語云挾其槍刈耨鎛韋昭注刈鐮也　按釋文鑊又作濩同戶郭反本或上作濩下作鑊非唐石經上一字從禾旁作穫尤非

所以結好媛 注文

阮云釋文援音媛舊校云本今作媛邵晉涵正義作援云從宋本

人所彥詠 注文

阮云釋文喭音彥本今作彥段玉裁謂陸氏經本作喭注中彥字乃言字之誤說文彣部云彥美士有文人所言也舍人注云國有賢士爲人所言道背以言釋彥取同音爲訓也說文繫傳引作人所喑詠正言之誤耳

無舟楫 注文

阮云釋文檝本或作楫方言云檝橈也說文云檝舟棹也按今本說文作楫非論語述而正義引此注作無舟檝與陸本合

擗 經文

阮云釋文辟婢亦反字宜作擗引詩寤擗有摽以證然則爾雅本作辟毛詩則從手也今本毛詩爾雅正互易其字

凡以薄爲魚笱者 注文

阮云釋文薄蒲博反本今作簿按說文艸部薄林薄也一曰蠶薄知從竹者非矣凡蠶簿笸簿簿圍字古皆作薄

釋親

從 經文

按釋文於從舅下云才用反下注姊從同則其他不音者皆讀如字然此篇從祖從父從母等字皆具相從隨從二義郭於從祖祖父下訓從祖而別世統異故則其字讀才容切邢疏於宗族節音從竝才用切要之下文皆無異讀可知陸分從舅音才用切於義爲短

男子謂女子 經文

諸家本皆同惟吳刻仿宋本無男子二字阮刻從之

來孫之子爲晜孫 經文

阮云史記索隱孟嘗君列傳漢書惠帝紀師古注皆引爾雅來孫之子爲昆孫昆孫之子爲仍孫是唐初本爾雅作昆孫開成石經始誤爲晜孫字猶晜弟字釋文及後漢書注亦誤作昆也郭注晜後也及不窋之晜孫二晜字皆當作昆邢疏云晜後也釋言文今釋言作昆後也可證

夫之兄爲兄公 經文

阮云釋文兄伀音鍾本今作公按禮記奔喪注兄公於弟之妻正義引爾雅文謂禮記俗本皆女旁置公轉誤也皇氏云婦人稱夫之兄爲公者須公平尊稱也唐石經今本作公是也

兄鍾 注文

阮云或疑鍾當爲伀釋文兄伀本爲注音經則作兄公 臧氏說 按漢書景十三王傳背尊章師古曰尊章猶言舅姑今關中俗婦呼舅姑爲鍾鍾

者章聲之轉也然則鍾字非誤矣　按釋文兄伀實經字故云本今作公正與今經文合若注作兄伀則當爲字之增而非語之轉矣鍾字是又按郭所據爾雅本經文當作兄公不當作兄伀即作伀亦當讀公音方與鍾爲一聲之轉陸氏所音亦誤

夫之女弟爲女妹經文

阮云袁廷檮謂女妹當作女叔按禮記昏義和於室人注室人謂女伀女叔諸婦也正義曰女叔謂壻之妹也夫之弟爲叔故女弟謂之女叔以經作女叔故注云今謂之女妹是也若經作女妹郭氏必不如此下注矣段玉裁云嫂妹見曹大家女誡是漢人始有女妹之稱亦名不正之一也

爾雅經注卷上集證

爾雅經注卷中集證

釋宮

東南隅謂之窔 經文

按窔諸本俱作㝔釋文亦作㝔云又作窔同今據說文訂作窔

羣臣之列位也 注文

列宋十行本作側邵本郝本竝作列本說文列中庭之左右曰位又邢疏云位羣臣之列位也今從之潘澤農刺史云按坐立皆曰位訓坐則宜作列訓立則宜作側古庭見君臣皆立茲曰羣臣之位故郭注作側與

閍謂之門 經文

阮云按此文疑倒禮記郊特牲祊之於東方正義曰釋宮云門謂之祊

孫炎云謂廟門外是孫叔然注本作門謂之閍也郊特牲索祭祝於祊注廟門曰祊正義曰爾雅釋宮文又禮器爲祊乎外正義曰以釋宮云廟門謂之祊皆閍字在下可互證鄭孔俱言廟者以意增加非爾雅本文單疏本標起止云閍謂至之閎

閎經文

阮云或作閣誤

所以止扉謂之閎經文

阮云釋文閎音宏本亦作閣音各郭注本無此字又左傳釋文云爾雅本止扉之名或作閣字讀者因改左傳皆作各音惠棟云說文閣所以止扉也是古本如此段玉裁云郭注上文大者謂之栱小者謂之閣小當作長云別杙所在長短之名注此云長杙即門橛前後皆訓爲長杙則前

後皆作閣字其所據左傳亦當作閈閣上引盟諸僖閎閎訓門此引高其閈閣閣訓長杙郭氏分引畫然匡謬正俗引左傳高其閈閣引爾雅所以止扉謂之閣及郭注高其閈閣顏氏所據左傳爾雅尚未誤而俗刻匡謬正俗皆改作閎矣廣韻十九鐸閣字注云又姓急就章閣并訢

按顏師古注云閣所以止扉今之門柣是也

壼 經文

阮云五經文字作壼云見爾雅

堂途謂之陳 經文

阮云周禮匠人注引爾雅堂涂謂之陳按說文有涂無途塗爾雅釋邱當涂梧邱亦作涂

歧旁 經文

阮云五經文字云俗以岐爲山名別作歧路字字書無按釋文及玉篇廣韻皆作歧是六朝以來歧路字多從止矣

彴經文

阮云釋文彴音斫今江東呼彴音約按說文彴約也無彴字當作彴釋天奔星爲彴約郎此字星之奔流如人之渡彴也釋文前後皆作彴玉篇廣韻分釋宮字從彳釋天字從亻葢非

歲十月注文

邢疏云孟子云歲十一月此注作十月誤脫或所見本異　宋翔鳳云周禮正歲爲建寅正月之吉爲建子戴東原集正歲年解段茂堂尚書撰異舜典篇釋之甚備趙邠卿注孟子不知歲年之異故以秋陽爲夏日又改歲十月徒杠成十一月輿梁成爲十一月十二月郭註介疋引

孟子不據趙本而曰歲十月徒杠成蓋據劉熙本邢疏明云此注作十一月則他本注文有作十一月者爲宋元人寫改顯然

釋器

瓦豆謂之登 經文

阮云釋文登本又作鐙按公食大夫禮注瓦豆謂之鐙公羊傳桓四年一曰乾豆何注豆祭器名狀如鐙禮記祭統夫人薦豆執校執醴授之執鐙注鐙豆下跗也然則鐙本豆跗之名因通名瓦豆爲鐙矣又說文鐙錠也從金登聲徐鉉曰今俗別作燈非是合之郭注云即膏登知漢以來爾雅字皆作鐙詩生民于豆于登毛傳瓦曰登薦大羹涪古文作登今文作鐙郭云膏登字必當從金膏鐙即油鐙此說非又說文豆部有𧯠字云禮器也從廾持肉在豆上讀若鐙同說者因謂詩爾雅豆登

字皆當從肉作登此臆說也按詩于豆于登用叚借字俗改爲鐙

即膏登也 注文

邵云郭以膏鐙形狀略似禮器之登故以膏鐙釋之也今北方瓦鐙猶略存禮器遺制

絇謂之救律謂之分 經文

郝云王氏紹蘭云絇謂之救律謂之分此二句皆冒名也律乃率之借音分蓋紛之省文律率古字通說文云率捕鳥畢也分與紛其音同羽獵賦青雲爲紛內則云左佩紛帨是則紛亦通名率謂之紛蓋省文作分耳郭注望文生訓其義非也　按率廣韻所律切當讀如戾戌之戌今轉音讀如索或讀如所類切之帥而通律者竟讀如律皆非也王氏謂律率古字通又謂律乃率之借音其說精矣

褗領注文

阮云釋文褗音偃又作偃按偃領者謂黼文偃伏衣領上也字不當從衣

婦人之褘謂之縭經文

阮云釋文幃本或作褘按說文褘蔽厀也幃囊也孫炎注以褘爲帨巾郭注以爲香纓義竝當從巾李善注文選思元賦云爾雅曰婦人之幃謂之縭今之香囊在男曰幃在女曰縭與陸本正合知舊本爾雅從巾不從衣也

褘邪交落帶繫於體注文

阮云褘邪之褘爲衍字邪當作衺落絡蓋古字通

緌繫也注文

阮云詩正義引郭注此下有女子旣嫁之所著示繫屬於人義見禮記詩云親結其縭謂母送女重結其所繫著以申戒之說者以褵爲帨巾失之也共四十七字審爲郭注正義有申難之辭未知何時逸去釋文於著字重字皆無音按旣嫁當爲未嫁或作許嫁士昏禮注云婦人十五許嫁笄而禮之因著纓明有繫也

魚謂之餒 經文

阮云餒釋文本作餧引說文魚敗曰餧云字書作鮾同五經文字云餧奴罪反飢也經典相承別作餒爲飢餒字以此字爲餧飼之餧字書無文

肉爛 注文

邢疏云魚之敗壞先自內始故云內爛今本內作肉恐誤　阮云按說

文爤孰也從火蘭聲無爛字今本從闌非爾雅糷爤瀾皆從蘭

謂削鱗也注文

阮云釋文作鰭巨夷反或作鱗按經曰斮注當言鰭作鱗蓋非鰭背上鬣也潘克溥云食魚以削鱗為要說文鱗魚甲也故義取斮禮少儀夏右鰭是鰭不必去今亦然作鱗義長

冰經文

盧云釋文云孫本作凝按說文仌乃冰字冰乃凝字孫以冰為凝是也

湆經文

盧云字當從肉作脀今經典皆作泣下曰 按盧說本於張參五經文字段茂堂氏謂說文有湆無脀肉之精液如幽溼生水也疑段說是湆說文訓幽溼也從水音聲

雜骨醬注文

骨宋十行本作肉邵本郝本及他本竝作骨按文義當是雜骨今從之

滓澱也注文

阮云當作澱滓也邢疏云澱滓泥也所據郭注蓋未誤

剒注文

釋文作斮盧云說文斮絕也注疏本作剒乃俗字

璆琳玉也經文

阮云段玉裁云本作璆美玉也藝文類聚所引不誤釋文琳字無音後崐崘虛之璆琳琅玕乃音林詩韓奕釋文曰琳字又作玪音林鄭注尚書云璆美玉也玪美石也鄭與說文合今郭注琳亦衍字按說文玪玪塾石之次玉者從玉今聲又琳美玉也從玉林聲然則尚書之璆玪與

爾雅之瑻琳異字異訓琳爲美玉爾雅與說文亦合非衍字也釋地注云瑻琳美玉名

玦之以金銑者 注文

阮云釋文玦作決按國語韋氏注云玦猶決也郭注與韋義同今本仍作玉旁非

辨 經文

盧云釋文郭普遍反孫蒲莧反蓋郭以辨爲辨治之辨孫所音當是說文辨字判也從刀辡聲

釋樂

輴 注文

盧云釋文輴本亦作輴按說文本作朄從申柬聲則當以輴爲正此從

車東者乃譌體

管長尺圍寸併漆之 注文

阮云釋文漆音七按文選閒居賦管啾啾而竝吹李善引此注曰管長尺圍寸竝吹之與鄭注周禮併兩管而吹之義同今作漆蓋誤

籥 經文

盧云釋文籥本或作龠按說文龠爲樂之竹管其作籥者乃書僮竹笘也陸氏不能分辨

徒鼓磬謂之寋 經文

阮云初學記卷十六引作徒擊磬謂之蹇按碧多言擊鼓字蓋涉上文誤釋文引李巡云置擊眾聲蹇連也蓋李本作擊

櫟 注文

釋文櫟力的反阮謂據篇韻櫟當從手

穊注文

阮云釋文穊居器反他本或作概訛按說文禾部穊稠也此言聲之稠密也

釋天

春爲蒼天夏爲昊天經文

臧在東云白虎通四時篇引爾雅春曰昊天夏曰蒼天一說春爲蒼天夏爲昊天今文尚書歐陽說許叔重五經異義說文解字鄭康成異義駁張揖廣雅竝同前一說考詩正義引李巡注已作春蒼夏昊矣不始於郭景純然其義則非也　按爾雅漢注引鄭說云春氣博施故以廣大言之夏氣高明故以遠大言之此卽春昊夏蒼之古義也自李孫以

來互移其字而古訓廢矣

四氣和謂之玉燭 經文

阮云氣或作時非

四時和爲通正謂之景風 經文

阮云文選新刻漏銘注引作四氣和爲通正按此猶上文四氣和謂之玉燭也論衡是應篇引爾雅曰四氣和爲景星景風作景星無爲通正三字邢疏引尸子則云四時和爲通正此之謂永風又尸子論衡文選注白帖卷一皆作四氣與上同唐石經上作四氣此作四時蓋非論衡引爾雅作景星尸子作永風永景聲相近

甘雨時降 經文

阮云論衡是應篇曰爾雅言甘露時降則今本作甘雨非

太歲在甲曰閼逢 經文

阮云各本俱作大唐石經太字一點後人增添釋文大歲音泰下放此

錢大昕云古法太陰與太歲不同淮南天文太陰在寅歲名曰攝提格云云史記歷書索隱引爾雅云歲在甲曰焉逢寅曰攝提格無太字當是古本東漢術家不求太陰誤仞太陰爲太歲故漢書天文志有太歲在寅曰攝提格之文太史公書但云攝提格歲陰左行在寅初不云太歲也按天官書索隱引李巡注爾雅歲在寅爲攝提格無太字又漢書律歷志上復得閼逢攝提格之歲孟康注云歲在甲曰閼逢在寅曰攝提格然則天文志太歲之太當亦後人增加耳

歲陰 經文

郝云今本無此二字然十干既題歲陽則十二支當題歲陰故淮南天

文篇云太陰在寅歲名曰攝提格太陰在卯歲名曰單閼云云俱本爾雅爲説史記歷書索隱引爾雅釋天云歲陽者甲乙丙丁戊己庚辛壬癸十干是也歲陰者子丑寅卯辰巳午未申酉戌亥十二支是也歲陽在甲云焉逢謂歲干也歲陰在寅云攝提格謂歲支也據索隱所引是古本有歲陰二字之證今依臧氏爾雅漢注補

天氣下地不應曰雺地氣發天不應曰霧經文

郝云雺者説文作霿云天氣下地不應曰霿莫弄切霿晦也霧者説文作霚亡遇切云地氣發天不應籒文省作雺玉篇雺與霚同云天氣下地不應也霧與霿同云地氣發天不應也與説文互異釋文雺或作霚霧亦作霿與玉篇同俱傳寫之誤當以説文爲正　按段玉裁説文解字注云霿開元占經作濛引郗萌曰在天爲濛在人爲霧日月不見爲濛前

後人不相見爲霧按霚與霿之別以郝所言爲確許以霚系天氣以霿系地氣亦分別井然自陸氏爾雅釋文不能諟正譌舛不可讀矣

疾雷爲霆霓 經文

臧云說文霆雷餘聲也鈴鈴所以挺出萬物從雨廷聲霓屈虹青赤或白色陰氣也從雨兒聲則霆霓顯然二物考初學記一白孔六帖二俱引作疾雷謂之霆本無霓字今諸本竝有蓋因下雨霓爲霄雪霓與霓形近遂誤衍矣　按宋翔鳳過庭錄云霓當爲電形近而訛霆與電同物音亦通轉淮南兵略云疾雷不及塞耳疾霆不暇掩目此正言霆之光耀激目隱九年大雨震電穀梁傳震雷也電霆也此霆電同物之切證左傳襄十四年畏之如雷霆莊子天運篇吾驚之如雷霆釋文竝云霆電也

雨霓爲霄雪 經文

阮云說文霄雨霓爲霄從雨肖聲齊語也五經文字霄雨霓爲霄見爾雅按霓爲水雪雜下是不得偏舉雪也古本爾雅蓋無雪字

水雪雜下 注文

阮云水或作冰非

濟謂之霽 經文

阮云錢大昕云洪範曰雨曰霽史記宋世家作濟則濟霽本一字說文霎字注云霽謂之霎此經霽當爲霎字之誤

析木謂之津 經文

邢疏云按經典但有析木之津無析木謂之津今定本有謂字因注云即漢津也誤矣 郝云郭注即漢津也四字並非

枵之言耗注文

阮云按廣韻秏減也亦稍屬俗作耗釋文亦作耗

娵觜之口經文

阮云左傳襄三十年作娵訾之口釋文及唐石經作觜蓋假借字

濁謂之畢經文

阮云釋文前後皆云噣本亦作濁按詩漸漸之石毛傳詩序盧令注正義引李巡孫炎郭氏注皆作噣則此經舊從口爲正也

何鼓謂之牽牛經文

阮云何唐石經元刻作何後刮磨作河釋文何郭胡可反小爾雅云任也說文云儋也注以何爲荷訓作檐是郭本不作河考史記漢書作河鼓詩正義引李巡孫炎注同蓋爾雅本作河郭氏私定爲何唐石經用

郭注本改爲河則非

擔鼓 注文

阮云釋文檐丁甘反字林云負也舊作木旁今從手非　按說文儋何也段玉裁云儋古書或假檐爲之疑又擔之誤耳

冬祭曰蒸 經文

阮云五經文字卄部云蒸爾雅以爲祭名其經典祭烝多去草以此爲薪蒸

商曰肜 經文

阮云按說文舟部肜船行也從舟彡聲丑林切玉篇肜余弓切爾雅云祭也又丑林切舟行也詩書正義引孫炎注云肜者相尋不絕之意相尋不絕與船行義合古人詁訓每取聲相近者肜與尋同在二十一侵

彡聲以丑林切爲正余終反乃其轉音古冬侵韻最相近也或以此祭名字當從肉音融者誤

夏日復胙經文

邵云詩鄭箋及何休公羊注引爾雅俱無此句徐彥疏云諸家爾雅悉無此言郭本有之賈公彥云復胙者復昨日之胙祭楊士勛云謂之復胙者復前日之禮也釋文云昨本又作祚亦作胙祚福也胙祭肉也義竝同　阮云按此與彤字從肉之謬說正同當從陸本訂正

管子曰獠獵畢弋今江東亦呼獵爲獠音遼或曰卽今夜獵載鑪照也注文

阮云詩伐檀正義引此注云獠猶燎也今之夜獵載鑪照者也江東亦呼獵爲獠管子曰獠獵畢弋　按當如詩正義所引今本失其次注先以

獠爲燎故郎申言之曰今之夜獵載鑪照者也者字當有釋文云獠或作燎本注爲說文引江東所呼及管子證之今本首引管子反以宵田爲餘義非

素錦綢杠經文

郝云綢讀若縚謂纏縣之也　阮云釋文綢韜皆音他刀反

此謂合剝鳥皮毛注文

郝云郭注合字未安汪氏中校定本據隨書禮儀五作全字是矣孫炎舊注錯置也革急也畫急疾之鳥於縿也郭注較此爲短

釋地

楊州經文

阮云五經文字云楊木名揚舉也州名取輕揚之義亦合作此字俗從

木訛詩王風揚之水釋文云揚如字激揚也或作楊木之字非唐風揚之水石經作楊按廣雅釋言楊揚也據此知楊州揚之水字本皆從木其義爲輕揚激揚陸德明張參輩以從木爲非故經典定從手旁其實非也唐許嵩建康實錄引春秋元命苞云地多赤楊因取名焉則楊木楊州實一字也

咵經文

臧云釋文咵孫於于反郭烏花反本或作紆字非也攷周禮職方淮南墜形說文風俗通等書皆作楊紆知舊本竝是紆字陸從郭本作咵轉以紆爲非不知孫叔然於于反亦作紆不作咵也　按紆咵古音同部咵從夸聲夸從亏聲紆亦從亏聲此卽古音無麻韻之證紆咵二字蓋聲近通用卽依孫爲於于反未始不可作咵字也

滎陽注文

阮云釋文作熒單疏本同當據以訂正凡古書滎陽字皆從火有從水者淺人所改　按滎說文謂絕小水也段玉裁曰滎澤字從火者以沸之顯伏不測如火之熒熒不定也

周有焦護經文

阮云釋文穫胡故反又作護同按作護非也劉昭注續漢書郡國志李善注文選北征賦皆引爾雅周有焦穫郭注曰音護是護乃穫之音不得以護易穫也當訂正

十藪經文

阮云周禮澤虞注云爾雅有八藪賈公彥說九州州各一藪周秦同在雍州又除畿內不數故八按今本作十係淺人依數增加

江東又呼爲王餘魚 注文

阮云史記封禪書索隱引此注云江東人呼爲王餘亦曰版魚今注脱亦曰版三字

蟨 經文

郝云韓詩外傳蟨作蹷聲借字耳　按宋本正作蹷

中有枳首蛇焉 經文

郝云枳孫讀爲枝郭讀爲歧歧枝枳音皆近廣雅云枳枝也

下溼曰隰 經文

阮云釋文溼俗作濕隰本或作隰音習五經文字云經典皆以濕爲溼惟爾雅用之

九夷八狄七戎六蠻謂之四海 經文

阮云書旅獒詩蓼蕭正義並引李巡注本謂之四海下有八蠻在南方六戎在西方五狄在北方三句詩正義謂此三句惟李巡所注有之孫炎郭氏諸本皆無按周禮職方及布憲注皆引爾雅曰九夷八蠻六戎五狄謂之四海與李本合

太平　太蒙經文

阮云釋文大平音泰下同瞿中溶云唐石經太皆作大獨此太平、太蒙字各兩見四小點後人所加

即蒙氾也注文

阮云釋文濛音蒙本今作蒙按此蓋經作大蒙注云濛氾陸氏爲注作音　按楚辭天問淮南覽冥篇俱用蒙氾字不作濛

釋邱

鑯注文

盧云郎今之所謂尖也邢本作纎非　按盧校釋文作鑯亦省俗字

三成爲崐崘邱經文

阮云惠棟云酈元引爾雅山三成爲崐邱無崘字按水經注卷四河水篇云水出三累山其山層密三成故俗以三累名山爾雅山三成爲崐邱斯山豈亦崐邱乎又邢疏引崐崘山記云崐崘山一名崐邱三重盡經文本無崘字後人因郭注增加

如椉者椉邱經文

阮云釋文如乘本又作椉繩證反注車乘同按經當作椉注當作乘

按椉乘古今字後茲放此

泥邱經文

阮云釋文泥依字作尼又作坭按當爲又作屔玉篇廣韻引爾雅竝作屔經義雜記曰說文邱部屔反頂受水邱从邱泥省聲據郭義當用說文邱部字

汚下注文

盧云釋文此字兩音按此當與窪同史記滑稽傳之所謂汚邪也則烏花反爲正音若音烏說文訓爲薉者是與注意不合

當途經文

釋文涂字又作途　按涂途古今字

湝邱　沮邱　正邱經文

郝云湝邱釋名作阯邱阯基阯也沮邱作阻邱背水以爲險也正邱作沚邱沚止也西方義氣有所制止也竝與今本異　阮云正邱蓋止邱

之訛此制止與下營迴義取相反

水出其左營邱經文

阮云史記周本紀集解禮記檀弓正義皆引作水出其前而左曰營邱水經淄水注引作水出其前左爲營邱邵晉涵正義據此謂舊本爾雅經有前字然考詩齊譜正義引孫炎注亦無前字劉熙釋名本爾雅亦水出其左曰營邱且經文前後左右四字與下左高咸邱四句文法整對王宗炎云凡古人秪言左右者皆據前言之猶言東西亦據前言之若對文則竝舉如釋畜言馬有前右後右前左後左矣此言水出其左謂水出其前左也引者加前字須人易曉耳

敦丘也注文

阮云詩氓正義引郭注曰敦丘也音頓又釋文於丘一成爲敦丘下引

郭云音頓今本前後注中無音頓字

宛中宛邱 經文

臧云陳風宛邱傳云四方高中央下曰宛邱疏引李巡孫炎皆云中央下取此傳爲說元和郡縣志載爾雅注亦云四方高中央下曰宛與毛傳同施博士於阮反讀爲宛義與李孫合郭氏於粉反讀爲菀音藴與毛傳李孫皆乖異矣　邵云釋宛邱者舊無異說郭氏獨以爲中央隆高者以下文釋山云宛中隆山之宛中者名隆隆是高峻之貌是邱之宛中者與山之宛中者同義此篇下云邱上有邱爲宛邱可證其爲中央隆高矣

今江東呼爲浦隩 注文

阮云文選謝宣遠王撫軍庾西陽集別詩注引此云今江東人呼浦爲

隈此脫入字作呼爲浦隩亦非

厓內爲隩外爲隈經文

邢疏云李巡曰厓內近水爲隩其外爲鞫此句覆釋上文隩隈之處也云外爲隈者隈當作鞫傳寫誤也詩大雅公劉云芮鞫之卽毛傳云水之外曰鞫按作鄭箋語邢氏誤然則厓在水曲其內名隩又名隈其外名鞫今以隩隈一事分爲內外之名故知誤也　按釋文於澳下出鞫字九六反阮校勘記引詩公劉正義引爾雅亦作厓內爲隩外爲鞫是鄭孔所據爾雅與李巡同與釋文亦合邵云說文澳隈厓也其內曰澳其外曰隈左傳疏引爾雅亦作隈段玉裁曰俗本爾雅改鞫爲隈因或取以改說文耳此說是也然則左傳疏亦後人所改

釋山

坯經文

臧云宜依說文從土不聲作坏

小山岌大山峘　大山宮小山霍小山別大山鮮經文

臧曰說文馬部駇讀若爾雅小山駇大山峘則許讀爾雅以六字爲句蓋岌者及也峘者恆也恆長也以小山而及於大山爲長可知矣埤蒼云峘大山則張氏讀爾雅以小山岌爲句大山峘爲句矣又大山宮小山霍水經注廬江水下引爾雅云大山曰宮則酈氏讀爾雅以大山宮爲句小山霍爲句矣卷末禹貢山水澤地所在霍山下引爾雅云大山宮小山霍似不誤又小山別大山鮮釋文鮮息淺反李云大山少故曰鮮詩皇矣度其鮮原傳小山別大山曰鮮所讀互異郭氏以毛公許君孫氏讀爲據而不從李巡張揖酈道元等其識較他差勝矣

峘 經文

阮云釋文峘胡官反又音恒經義雜記曰說文馺馬行相及也從馬從及讀若爾雅小山馺大山峘蓋以小山而高及大山爲恒長可知釋文胡官反音袁非錢坫云晉書地道記恒山北行四百五十里得恒山岌號飛狐口可證峘卽恒之譌錢大昕云大山宮小山霍卽南嶽霍山則小山岌大山峘爲北嶽恒山審矣

宛中隆 經文

郝云宛中隆者謂中央下而四邊高因其高處名之爲隆此與釋丘之宛中義同而名異者彼據中言故曰宛此據外言故曰隆矣郭以中央高爲義誤與釋丘同

謂山形長狹者 注文

阮云釋文狹乎夾反當本作陜乎夾反釋魚釋蟲篇此字三見皆作陜平夾反　按陜隘本从阝从夾中从二人其作狹者俗字今承用之又誤以陝爲分陝之陝陝从夾中从二入與陜字別處校釋文攷證中辨之詳矣後凡用狹字者竝同

重甗隒經文

郝云甗者釋文音言云善升甗甗甗皆巘之假借玉篇作重巘隒文選晩出射堂詩注亦引作巘

山狀似之因以名云注文

阮云詩公劉正義引此注山狀似之下有上大下小四字因以名云作因以爲名今本脫誤

鮮經文

阮云釋文鮮或作㠘詩皇矣度其鮮原毛傳小山別大山曰鮮正義引此經及孫炎注曰別不相連也公劉陟則在巘毛傳巘小山別於大山也釋文甗本又作巘毛傳與爾雅異正義本亦作甗引釋山重甗隒郭注及西京賦陵重甗釋之且云與皇矣小山曰鮮義別蓋公劉詩本作甗故釋文正義皆作甗鮮甗聲相近毛蓋讀甗爲鮮故與皇矣傳無異訓釋名小山別大山曰甗正本此傳也陸孔皆執守此經故云鮮與甗別

磝經文

阮云釋文磝字或作磽同按五經文字正作磽釋名山多小石曰磽說文磽礊石也無磝字

多草木岵無草木峐　石戴土謂之崔嵬土戴石爲砠經文

搣在東云詩陟岵傳山無草木曰岵山有草木曰屺屺卽爾雅峐字釋文云峐三蒼字林聲類竝云猶屺字說文岵山有草木也屺山無草木也按此當從毛傳爾雅誤也說文亦係後人私改段若膺云岵之言瓠落也屺之言荄滋也得之釋名與爾雅同蓋據誤本又曰詩卷耳傳崔嵬土山之戴石者石山戴土曰砠與爾雅正反按說文山部砠石戴土也从山且聲詩曰陟彼岨矣釋名釋山石戴土曰岨岨臚然也土戴石曰崔嵬因形名之也據此當是爾雅誤　王引之按箋但云登岵山屺山而已所見毛傳本同不同未可知也釋文正義所據毛傳本在後說文釋名所據毛傳本在前鄙意謂崔嵬字岨字當以說文釋名正爾雅之訛岵屺當以說文釋名正毛傳之訛

窮瀆 注文

阮云釋文⿰石賣說文云古文隫字蓋經作⿰石賣注作瀆依說文瀆隫分部竊瀆字義當作隫今水旁者隸書通借也

卽天柱山潛水所出 注文

邢疏引郭云霍山今在廬江灊縣西南別名天柱山漢武帝以衡山遼曠移其神於此今其土俗人皆呼之爲南岳南岳本自以兩山爲名非從近也而學者多以霍山不得爲南岳又言從漢武帝始乃名之如此言爲武帝在爾雅前乎斯不然矣竊以璞言爲然此據作注時霍山爲言此山亦名天柱漢武帝移江南霍山之祀於此故又名霍山其經之霍山卽江南衡是也故上注云衡山南嶽也郝云疏所引蓋郭音義之文雖本廣雅以天柱爲霍山但爾雅之霍山本謂衡山不謂天柱自漢武移嶽祠於天柱而後彼土俗人皆呼之爲南嶽可知天柱無妨亦名

霍山而不得冒南嶽之名郭稱誤據按風俗通云衡山一名霍山言萬物霍然大也詩嵩高正義引孫炎亦以霍山爲誤當作衡山乃孔穎達不主應劭而駁孫炎反以郭說爲然謬矣　按段玉裁經韻樓集云孫氏信爾雅前說而不信後說故謂霍當作衡郭謂霍與衡皆是南嶽漢武專祀霍山此兼信爾雅前後二說其截然別衡霍爲二山則孫郭一也風俗通不得其義而牽合之孔沖遠詩嵩高書舜典左傳昭四年正義兼其說謂衡山亦名霍山漢武移其名於天柱合二山而爲一正與景純說相背而誤會南嶽以兩山爲名之句傅合而一之以爲衡山亦名霍山是謂以兩山爲名疏矣段此說殊了了今以目驗言之衡山自衡陽至長沙之岳麓中間七八百里勢衡而長霍山衆峰攢簇惟天柱一峰巋然獨出正合大山宮小山之義故知二山劃然一名不相假借

南嶽斷以衡山爲正爾雅所謂南嶽霍之霍乃後人習於漢武故事依改經文應劭又從而附會之孫炎之辨其識卓矣又按全謝山經史問答云霍山本一名衡山吳芮王於江夏而國曰衡山後三淮南分封得江夏者亦曰衡山蓋江夏本九江之所分故以天柱爲望而名其國則霍山之一名衡山其來舊矣蓋漢家南嶽其在元封五年以前似原在天柱不在長沙何以知之志曰元鼎三年濟北王獻泰山而常山爲郡然後五嶽皆在天子之邦惟南嶽是九江之衡山故可云在天子之邦若在長沙尚屬王國不得云天子之邦也今按謝山此說亦未深考據吳芮傳芮從項羽時立爲衡山王都邾高祖五年徙爲長沙王都臨湘四傳至靖王差孝文後七年薨無子國除逮武帝元鼎時衡山正爲天子之地不入侯國與史文合若芮都江夏而稱衡山王者蓋以芮主衡

山之祀故從其所望以名國後遂沿而不改耳不得據此爲霍山一名衡山之證

大室山也 注文

阮云春秋正義引此注下有別名外方今在河南陽城縣西北十三字

釋水

濫泉 經文

阮云釋文濫胡覽反按濫一作檻詩采菽蹭印正文及毛傳俱作檻正義俱引釋水文亦作檻論衡是應篇引亦作檻段玉裁云濫正字也檻假借字也文選答賓戲注後漢書黃憲傳注竝引爾雅作濫泉濫皆音檻是作濫仍爲檻音也

過辨回川 經文

郝云釋文過本或作渦同又作洄並假借字

河之有灉猶江之有沱 注文

阮云釋文沱徒河反或作氾音似按下經決復入爲氾詩江有氾毛傳曰決復入爲氾江有沱毛傳曰沱江之別者是氾與沱不同此經云反入卽復入注當言江之有氾矣作沱非

歸異出同流肥 經文

○按此條水經注引作歸異出同曰肥釋名謂所出同所歸異曰肥泉與爾雅毛傳正同水經注又引犍爲舍人說水異出流行合同曰肥殷敬順列子釋文謂水所出異爲肥水經注又引呂忱字林爾雅異出同流爲瀵水據此則各家爾雅本不同水經注淇水下肥泉既引毛注又引爾雅釋名廣異聞也最後折以舍人之說復申之曰今是水異出同

歸矣是水者肥泉也據酈書肥泉即泉源之水水有二源一水出朝歌城西北東南流逕朝歌城南又東與左水合謂之馬溝水水出朝歌城北東流南屈逕其城東又東流與美溝合水出朝歌西北大嶺下東逕朝歌城北又東南流注馬溝水又東南注淇水爲肥泉然則肥泉固合衆源而爲一所謂異出同流者也酈氏實主舍人之說疑爾雅原文當作水異出同流肥舍人所見本蓋如是諸家傳寫訛誤故所述亦因之若字林謂異出同流爲瀵水蓋涉下文而誤然益可證本文之爲異出同流矣

岷山導江注文

阮云釋文道江徒報反本或作導按引導開導字古皆作道今禹貢作岷山導江非當從此釋文作道　按古道路道德皆如字讀而教道之

道作徒報反故釋文於此具音後人以道字專屬道路道德故作導以別於道此古今字體之分

汝爲濆 經文

阮云釋文濆符云反下同字林作涓工元反衆爾雅本亦作涓按說文涓小流也从水肙聲爾雅曰汝爲涓注云皆大水溢出別爲小水之名則作涓義長郭本作濆注引汝墳詩可證

瀾 經文

臧云詩伐檀作漣爾雅作瀾按說文大波爲瀾從水闌聲漣瀾或從連據此則瀾漣本一字徐鍇說文漣下有小波之注不以爲重文非是鼎臣於漣下云今俗音力延反亦以二字同音不當區別故也陸德明於瀾字云力安反於漣字云音連不知二字音同識反出徐氏下矣又釋

爾雅經注集證

文瀾作灡是假借字說文灡潘也从水蘭聲陸所采者也與瀾義別阮云釋文於此云下及注同則下經注皆當作灡今諸本作瀾非　按陸既通借灡字則此處不當歧出阮說是也

直波爲徑 經文

阮云釋文俓字或作徑注同按字或作徑當爲涇釋名云水直波曰涇涇俓也言如道俓也經灡淪字皆從水此當作直波爲涇注云俓侹則作俓爲經注異文之證俓侹同

江有沱河有灉 經文

阮云按上注云河之有灉猶江之有沱然則此經當作江有沱與上文江爲沱不同猶上文汝爲涓此作汝有濆皆上下異文之證

江有沱河有灉汝有濆 經文

郝云詩汝濆正義引李巡曰江河汝旁有肥美之地名然則此以地言上文以水言名同義異郭以爲重見非也

虛山下基也注文

阮云釋文引郭云墟者山下基也發源處高激峻湊故水色白也按虛當作墟下十二字當補　按釋文此下又接引郭音義之文則此審爲郭注無疑

河勢上廣下狹注文

阮云釋文狹胡夾反當本作陜胡夾反釋蟲釋魚文可證

東莞縣注文

阮云疏云胡蘇在東光按當作光字之誤也

簡絜注文

武億經讀考異云蔡氏書集傳絜誤潔連讀簡絜爲一曾氏以爲其一則河之經流也僖四年左氏正義引爾雅九河云五簡六絜是分簡絜爲二則簡爲一讀絜爲一讀　按以舊讀爲是

鉤盤經文

阮云釋文般步干反本又作盤李巡本作股云水曲如鉤折如人股錢大昕云漢隸從舟之字作月股與般二文相涉李巡在孫郭之前當以股爲正鉤股雙聲與胡蘇疊韻正相類也

爾雅經注卷中集證

爾雅經注卷下集證

釋草

啖 注文

釋文作啗云本亦作啖噉盧云說文有啗字無啖噉字僅見註 接下

出隧遽蔬注釋文亦作啖潘克溥云說文啖啖噍也從口炎聲一曰噉

盧說似誤

蕈 經文

阮云孫星衍云一切經音義卷四引作草蕈俗字說文所無

果臝之實栝樓 經文

阮云釋文臝力果反栝樓本或作苦蔞按苦蔞爲說文正字爾雅多用

正字則苦蔞是也臝亦俗字當作蓏說文在木曰果在地曰蓏又說文

苦蔞果蓏也本此經與本書在地曰蓏之言合而俗本亦改作蓏矣

卉草 經文

臧氏爾雅漢注引舍人曰凡百草一名卉按舊無百字藝文類聚八十一引尒疋有之據舍人義則本有郭注亦云百草總名今補

莬荄 經文

阮云嚴元照云諸莬字不當從艸說文黃兔瓜也莃兔葵也可證 按釋文敘云飛禽即須安鳥水族便應著魚蟲屬要在虫旁草類皆從兩中如此之類實不可依今觀陸氏所刪例者亦未能盡宜乎爾雅之多俗字也

葖蘆萉 經文

臧云說文菔蘆菔萉枲實也可證萉宜爲菔矣後漢書卷十一李注引

爾雅正作萉音步北反郭本以形近致誤潘克溥云注已云萉宜爲菔

郭氏不輕改經文正爲得體非形誤也

瀢灌苬芝經文

郝云釋文引聲類云瀢灌苬芝也是瀢灌一名苬芝郭誤分爲二物故云未詳苬字不見他書按類聚九十八引爾雅作菌芝蓋菌字破壞作苬耳神農本草下經有雚菌孫星衍氏校定疑卽此雚菌或一名瀢一名芝未敢定也

熒委萎經文

阮云釋文委作萎舊校云本今作委按委萎一字當從陸本作荾萎猶萎蕤也邢疏引本草亦曰萎蕤玉篇廣韻以荾同荾云胡荾香菜蓋此經之誤久矣邢疏云一名榮字從木蓋誤釋文熒戶坰反　武云邢

疏一名熒一名熒委是此有兩讀　按據玉篇藥萎蕤也本草女萎一名葳蕤一名烏萎一名熒知邢氏誤

英光　經文

光舊作羌阮郝據說文當作光

英明也　注文

阮云注當作泱明今本依經改注也

薔虞蓼　經文

郝云說文蓼辛菜薔虞也蓋斷蓼字爲句詩良耜正義引某氏曰薔一名虞蓼孫炎曰虞蓼是澤之所生郭注亦同則斷虞蓼爲句與許讀異許君於義爲長

謝氏云小草多華少葉葉又翹起　注文

邵云此引謝氏疑爲謝嶠之說殆因詩疏與郭注連引後人遂溷入注中太平御覽引郭注無謝氏說

蔜蕵蘵 經文

盧云按邢本作蔜蕵蘵釋文蕵下無蘵字陸氏於注中今蘩蕵也先音蘩後方爲蘵字作音可知經本無蘵字說文蕵艸也

零陵人祖曰貫之爲樹 注文

郝云中山經云升山其草多寇脫郭注寇脫草生南方高丈許似荷葉莖中有瓤正白零桂人植而日灌之以爲樹此注祖貫卽植灌形聲之譌

藏以爲菹 注文

阮云菹當作葅釋文亦誤

雚芄蔓生 注文

邢疏云雚一名芄蘭郭注或傳寫誤衍芄字

今澤蔦 注文

阮云釋文音經作蔦引郭注作舄後人轉寫亂之

薃侯莎 經文

郝云說文莎鎬侯也是莎一名鎬侯徐鍇斷侯莎爲句非也

莞苻蘺其上蒚 經文

臧云說文莞草也⿱艹皃夫離也蒚夫離上也則爾雅當作⿱艹皃釋文莞本或作⿱艹皃即⿱艹皃之譌莞乃別一字也　阮云玉篇引爾雅曰⿱艹皃夫離其上蒚知古本作夫不作苻也蓋經作夫注作苻

謂其頭臺首也 注文

阮云頭卽首也首字當衍

其葉蕸經文

阮云釋文云其葉蕸衆家竝無此句惟郭有然就郭本中或復脫此句亦竝闕讀經義雜記曰說文茄芙蕖莖荷芙蕖葉蔤芙蕖本亦無其葉蕸句荷爲芙蕖葉則其葉名荷高注淮南子說山篇云其莖曰茄其本曰蔤中無其葉蕸句可證衆家本及郭本竝無此句其有者係俗人妄加

莖下白蒻在泥中者注文

臧云據詩澤陂正義引郭氏曰蔤莖下白蒻在泥中者今江東人呼荷華爲芙蓉北方人便以藕爲荷亦以蓮爲荷蜀人以藕爲茄或用其母爲華名或用根子爲母葉號此皆名相錯習俗傳誤失其正體者也此

注今本皆闕邢氏襲此以作正義而不爲補錄何耶

紅蘢古其大者蘬 經文

邵云說文以蘬爲薺實與下文連屬師讀不同故也

俗呼紅草爲蘢鼓 注文

阮云蘢當作龍釋文音經蘢力恭反音注龍如字

今之莧赤莖者 注文

臧云易莧陸夬夬正義引董遇云莧人莧也齊民要術卷十八莧下引爾雅幷郭注云今人莧赤莖者爾雅經注本作今之莧赤莖者之卽人之訛

蘠蘼虋冬 經文

釋文虋本皆作門郭云門俗字臧氏爾雅漢注云按本皆作門則李孫

本俱作門古時字少假音同字借用虋從艸後來所加無疑郭反斥門爲俗非也

萹苻止濼貫衆經文

釋文云本草云貫衆一名貫節一名貫渠一名百頭一名虎卷一名萹苻一名伯藥一名藥藻此謂草鴟頭也萹苻止郭云未詳本草乃是貫衆　按如此則當以止濼一讀別三名郭注誤

苹蓱經文

阮云正德本作苹洴非唐石經單疏本作苹蓱當據以訂正釋文苹音平萍本或作蓱音瓶按五經文字云苹音平蓱音瓶釋文又作萍則張氏所據釋文當爲蓱音瓶本又作萍今本非　郝云說文蓱苹也苹蓱也按苹經典作萍以別於苹藾蕭

藬牛蘈經文

阮云釋文藬吐回反蘈大回反唐石經作藬牛蘈按藬當爲遂毛詩言采其遂箋云遂牛蘈也正義曰釋草無文則孔所據本已誤爲藬矣詩釋文牛藬本又作蘈徒雷反則藬蘈實一字也　潘克溥云或鄭所見本與若謂藬蘈一字則前後有苨菧苨苕陵苕茢勃茢無事棄經從傳

一名結縷注文

阮云釋文[illegible]音姑本今作結按當作結縷一切經音義卷十四引孫炎注云俗名句屨草句屨與結縷爲一聲之轉文選上林賦布結縷郭注蔓生如縷相結按姑與結爲雙聲故可轉爲結

蔆蕨攗經文

阮云釋文攗亾悲反孫居郡反又居羣反按一切經音義卷十五引爾

雅萎蕨虋字從禾與蓀音合下蔳虋古釋文虋俱綸反本或作虋音眉

是虋虋二字易相亂錢大昕云說文有𥢷無𥢷當從孫叔然音作𥢷字

凡草木蟲鳥之名多取雙聲疊韻釋草如茭茈薢茩鼎董逐葛蘦藸菽

𥞊邛鉅銚芞之類皆雙聲蕨𥢷亦雙聲𥢷字誤

唐蒙經文

武云邢疏引孫炎曰別三名郭云別四名詩經直言唐而傳云唐蒙也

是以蒙解唐也則四名爲得從郭讀爲定　按下蒙王女也注蒙即唐

女蘿別名是四名外又一名矣

茇蕫草經文

郝云郭此注蕫音靳者別於上文齧苦堇之堇音謹也按堇類有三爲

頭一也蒴藋二也蕫菜三也釋文引本草蒴藋一名蕫草一名茇非烏

頭也陸說是郭必以爲烏頭者晉語云置堇於肉賈逵注堇烏頭也然烏頭名堇不名芨郭特以意說耳

瀸 經文

郝云瀸說文韱山韭也此從艸從水疑後人所加

藒車芞輿 經文

郝云說文藒芞輿也芞芞輿也竝無車字釋文車本多無此字與說文合臧氏經義雜記十三云車卽輿之駁文郭因離騷謂之藒車故援以爲證後人輒仿注義增經字耳

蔠葵 經文

彭元瑞石經考文提要云監本作蔠葵按周禮終葵首左傳終葵氏俱作終當從經典釋文作終

菋荎藸〔〕經文

阮云釋木作菋荎著周禮𦺇師注杜子春讀𦺇爲味荎著之味羣經音辨云著藥草也爾雅菋荎著五味也又味荎著藥草也蓋賈氏所據釋草釋文亦作著唐石經以下作藸後人依說文改耳說文菋荎藸也藸荎藸也

蒤委葉經文

郝云蒤當依釋文作荼詩及說文並同此蒤乃是穢草非苦菜也故異其名潘克溥云荼訓最多鄭風如荼茅秀也豳風捋荼雚苕也此皆言其末惟良耜篇荼爲陸草經言委葉者葢葉委棄於地故謂之爲穢草也委葉非草名蓋解上字如垂比葉芘小葉[illegible]九葉薇垂水𦸻堅中之類

鉤瓠也 注文

阮云鉤當作觚釋文音經鉤古侯反音注觚瓠音鉤字林云觚瓠王瓜也此經注異文之明證今本援經改注非

衱袶 經文

阮云釋文袶作袶施音絳孫蒲空反按廣韻一東袶下引爾雅困衱袶云亦作袶音降 按音降者與邢本合

攫烏階 經文

阮云唐石經元本俱作攫閩本監本毛本作欔訛葉鈔釋文亦作攫從手通志堂誤作欔從木後攫蘽名亦當從才 按說文有攫無欔欔字晚出不入雅訓阮說爲是今盧校釋文亦誤從木

中馗菌 經文

郝云中馗釋文引舍人本作中鳩云菟奚名顆東顆東名中鳩是讀中鳩上屬與郭氏異又按說文云菌地蕈蓋許亦讀中馗屬上與舍人同疑郭注地蕈二字古本在正文寫書者誤入注中因加也字足句耳

⿱艹耴 經文

阮云釋文⿱艹耴豬葉反又阻留反字作菆五經文字⿱艹耴首輒見爾雅

蘪從水生 經文

阮云生字疑衍此蘪從水與下薇垂水一律釋邱谷者溦故垂水名薇釋水水草交曰麋故從水名蘪又曰此宜蘪從爲句後人誤斷其句若邢云艸從水生則非也

綦月爾 經文

阮云釋文引說文云綦芏夫也按此則許讀爾雅土夫王綦爲句與郭

氏異讀今本說文作綦月爾也係據郭本竄改非許原文

蘩由胡 經文

阮云釋文蘩音繁本今作繁按此與上蘩皤蒿俱當從艸傳崧卿本夏小正蘩由胡由胡者繁母也上蘩下繁最有區別春秋隱三年正義及邢疏蘩皤蒿皆引陸璣疏曰夏小正蘩游胡今本夏小正亦作繁皆俗寫流傳失其本真非古字通也詩采蘩亦從艸　郝云游胡即由胡繁即蘩省

棘蒬 經文

阮云釋文棘字或作蕀同按說文朿象木芒之形棘從並朿不當更從艸

茦刺 經文

郝云「刺當作莿，莿荊雙聲兼疊韻，故說文互訓也」按釋文刺又作莿

廣雅方言亦作刺

芣苢 經文

盧云宋本此條注末尚有周書所載同名耳非此芣苢十一字御覽九百九十所引正同　按陸氏詩釋文云山海經及周書王會篇皆云芣苡木也實似李食之宜子出於西戎王肅釋詩主此說郭注正與毛傳同故云周書所載非此芣苢也說文芣苢一名馬舄其實如李令人宜子周書所說段玉裁云詩音義云山海經及周書皆云芣苡木也今山海經無芣苡之文若逸周書王會篇曰康民以桴苡桴苡者其實如李食之宜子是正文未嘗言桴苡爲木然則芣苢無二不必致疑於許也周書雖未嘗明言是木而其實如李與今車前子不合段氏又謂韻會所

引李作麥似近之疑此皆後人私改如徐鍇謂其子亦似李但微小耳皆無理之甚然彼能改說文而不能改逸周書則其僞亦可見矣芣苢自係一名二物說文一名馬舄四字疑後人據爾雅增

彩理有象之者 注文

阮云據疏彩當作采

蘳醜芀葭華 經文

郝云華亦芀也葭亦葦也廣異名耳詩正義引舍人曰葭亦名華今按經傳無名葭爲蘳者舍人蓋以葭蘳蒹薕俱疊韻故爲此說今移葭華與葦芀相從庶可通焉　阮云華當爲葦字之誤葦大葭也葭葦之未秀者可證文選東京賦李善注引爾雅云葭葦也菼薍也是唐初本不誤郭注葭葦即今蘆也注葭蘆云葦也正彼此互證　按此分節阮與

郝異今從郝

其萌虇　經文

郝云按說文𧅞字解云灌渝讀若萌卽爾雅萌虇蕍下文蕍字上屬與郭讀異也牟廷相方雅云說文之灌渝釋草作虇蕍釋詁作權輿竝同音假借字按大戴禮誥志篇云孟春百草權輿是草之始萌通名權輿矣

荺茭荄根　經文

臧云廣雅釋草杜蘮茭荄株根也無荺字蘮卽茭字說文每字皆訓爲根惟茭字解云乾芻無訓根之茭然則茭剆茭之異文矣廣雅總釋爲根則此荺茭荄根者別四名不當分爲二郭氏誤也　郝云說文荺茇也茅根也茇草根也方言亦以根爲茇是爾雅古本茭作茇也

空中可啖者爲菱芰卽此類 注文

臧云蘳衍一芰字

不榮而實者謂之秀 經文

阮云陸德明云衆家竝無不字援當從之

釋木

赤類漆樹 注文

阮云說文桼木汁水名作漆此當從釋文作桼

柀黏 經文

郝云宋本及釋文俱作𪓐不成字蓋黏字之誤徐鉉作檆亦非段氏說文注依爾雅改作黏是也　潘克溥云𪓐黏並見說文黏相著也字書無作木解者若云柀之性黏與上下文不倫徐氏云檆說文闕栽注誤

及偏旁有之則作㯕未可厚非也且說文云柀㯕也從木皮聲亦一證

段說文注引草木狀云杉一名柀黏是一物與雅例不合

可以爲杯器素 注文

阮云素當爲索謂其皮堅韌可爲絙索其材可爲桮器也邢疏謂樸也

蓋誤

柜桏 經文

阮云五經文字云桏音卭見爾雅葉鈔釋文云郭音卭今本誤作卬

藲 經文

阮云釋文藲烏侯反詩云山有樞是也本或作蓲同按說文艸部有蓲

木部有樞無櫙藲字毛詩作山有樞魯詩作山有蓲知爾雅本與詩同

櫙藲竝俗字也按作櫙者尤譌

杬魚毒　經文

阮云釋文杬音元又作芫盧文弨曰說文艸部芫魚毒也從草元聲木部無杬字顏師古注急就章云芫華一名魚毒漁者煑之以投水中魚則死而浮出故以爲名芫字或作杬郭景純說誤其生南方中藏卵果者自别一杬木乃左思吳都賦所云緜杬杶櫨者耳非毒魚之杬也據此蓋本釋草文因芫或作杬遂誤入釋木耳上文味荎著郭注亦以爲釋草文之誤重者

生山中葉員而厚　注文

阮云段玉裁云顏師古注急就篇曰生於山中其莢圓厚剝取樹皮合漬而乾之成其辛味也係用郭語葉作莢爲長

檖羅　經文

阮云按毛詩晨風傳檖赤羅也正義曰釋木云檖赤羅是古本有赤字

休經文

釋文又作林盧云按爾雅多俗字釋草篇多加草遂有接余而爲荌莕者釋木篇多加木遂有休字而改爲林者

壺棗經文

臧云釋文引孫炎舊注云棗形上小下大似瓠故曰壺較郭注尤明借壺作瓠與詩斷壺同義於六書爲假借

養其樲棘注文

阮云棘當作棗今本孟子作棘按此疏引孟子及趙岐注作樲棗玉篇木部樲酸棗孟子云樲棗是也與此合　錢大昕養新錄云趙王樲棘小棘所謂酸棗也按爾雅樲酸棗不聞樲棘爲小棘梧檟既是二物則

樲棘必非一物樲爲酸棗棘卽荆棘之棘也按此論勝前孟子又何可

輕敀乎

洗大棗 經文

阮云段玉裁云集韻二十七銑引爾雅桄大棗廣韻亦云桄棗木然則爾雅固有從木作桄者白氏六帖棗類云遵羊洗犬並棗名出爾雅盧文弨曰梁文帝碑中用河東洗犬隴右蹲鴟仁和丁希曾嘗舉以校爾雅按詳注意當是大字六朝辭章多不足據存以俟攷

蹶洩 經文

阮云釋文單疏本洩作泄

還味棯棗 經文

阮云還說文玉篇皆作櫏棯初學記引爾雅亦作棯棯棗也棗過熟者

味短也故名還味說文木部無梌字　按楥於六書無取木旁當係後人增加因以羼入說文耳棗熟味短之言於理鮮當似不當輕改經文潘克溥云今一種小棗過熟則成空殼而無肉疑卽說文所謂棘小棗也阮氏之云或謂此歟

晝聶宵炕　經文

阮云釋文云炕樊本作抗按郭注炕布字當作抗又見揚雄甘泉賦注

灌木　經文

阮云釋文樌古亂反字又作灌下木族生爲灌釋文亦作樌按毛詩作灌假借字蓋今本所據改或郭氏引詩作灌後人援注改之

瘣木苻婁蕡藹　經文

武云此凡兩讀舍人注苻婁屬下句則以苻婁蕡藹連讀　按此義諸

家不從

棫白桵 經文

阮云釋文桵本或作倭字林人隹反按說文無妥字今說文作桵從妥者誤也字林作倭當本之凡從委之字多有改作妥者如餧作餒捼作挼之類可證

棃山樆 經文

阮云五經文字云樆山棃也見爾雅釋文棃字亦作梨樆音離本亦作離非按史記司馬相如列傳櫱離朱楊集解引漢書音義曰離山棃文選子虛賦注張揖曰離山棃也顏師古注漢書同則爾雅古本作離山棃樆字說文無釋文原本當上樆下棃張參所據尚未誤玉篇廣韻皆云樆山棃

唐棣移常棣棣 經文

陳壽祺左海經辨云毛詩正義引舍人云唐棣一名移常棣一名棣是爲二木審矣案論語爾雅疏引陸璣說齊民要術引詩義疏皆與郭注略同與說文亦合說文唐棣作棠棣唐棠古通小雅常棣毛傳常棣棣也釋文云本或作常棣移邱光庭兼明書引孔氏論語解唐棣棣也疑爾雅舊本有作唐棣棣常棣移者藝文類聚夫移引韓詩序夫移燕兄弟也閔管蔡之失道夫移之華萼不煒煒王伯厚詩考引韓詩序同是逕改常棣之字爲夫移與毛詩異

似白楊 注文

阮云詩何彼襛矣釋文正義引此注上有今白移也四字閩本擠入

今關西有棣樹子如櫻桃可食 注文

阮云關西或作山中按春秋僖二十四年正義引此注云今關西山中有棣樹子似櫻桃可啖當據以補正陸璣疏亦云自關西天水隴西多有之此與釋獸魋下注云今建平山中鼶鼠下注云今江東山中文正相類今本單言關西及山中非也如亦當作似食亦當作啖因郭注多言似言啖也

樕樸心 經文

郝云詩林有樸樕正義引孫炎曰樸樕一名心某氏曰樸樕槲樕也有心能溼江河閒以作柱是爾雅古本依詩作樸樕惟釋名誤倒作樕樸今本仍之宜據詩以訂正

干木 經文

阮云干即乾溼字俗字也

橿木也 注文

阮云橿當從釋文作殭

椔 經文

阮云按釋文甾字林作椔是爾雅本不作椔也詩皇矣其甾其翳毛傳木立死曰甾正義引釋木云立死甾則毛詩亦不作椔也今本從木蓋因字林增加

樹蔭翳覆地者 注文

阮云按此注當作樹蔭翳相覆蔽今本作覆地因詩正義引郭注作翳樹蔭翳覆地者也致誤彼因毛傳蔽者作自斃遂改郭注爲覆地之說

按釋文音經蔽必世反注同是注有蔽字也詩釋文引爾雅蔽者翳郭云相覆蔽此其證

梢梢擢經文

臧在東云梢一名皵梢一名擢取同聲同類者爲訓皆疊韻也今本衍一梢字又篇末曰小枝上繚爲喬申上上句曰喬也無枝爲檄申上梢擢也木族生爲灌申上灌木叢木也恐學者不了故反復釋之　阮云釋文擢直角反今本作木旁誤或謂衍一梢字亦非也方言曰杪梢也梢尾也說文曰擢引也梢擢者謂木杪引而愈長愈長則愈細因目之曰梢單言擢則文不完

祝州木經文

阮云釋文祝章六反本今作柷郝云祝州古讀音同字通衞州吁穀梁傳作祝吁是也　潘克溥云字書祝柷通說文柷樂木空也則木之名祝殆因其中空歟釋詁曰白州郭注州竅然則州木蓋老朽有空竅者

子中有核人 注文

阮云人或作仁按古書核中人無作仁者明人始全改本草作仁非也

潘克溥云人與仁通論語無求生以害仁唐石經作人後漢書吳祐傳引論語觀過斯知人矣易何以守位曰仁晁以道僞古本作人蓋仁者人也其義通也

釋蟲

蜚蠦蜰 經文

阮云春秋隱元年左傳有蜚不爲災正義曰釋蟲云蜚蠦蜰舍人李巡皆云蜚蠦一名蜰郭氏云蜚卽負盤臭蟲洪範五行傳云蜚負蠜本草曰蜚厲蟲也經傳皆云有蜚則此蟲直名蜚耳不名蜚蠦說爾雅者言蜚蠦一名蜰非也然則郭讀爾雅不與舍人李巡同邢疏襲用春秋正

義而郭注仍作蛩誤甚今邵晉涵正義改作蛩嚴元照云山海經中山有鳥如雉恒食蜚注云蜚負盤也音蜚可與雅注相證

蛂蟥蛢經文

郝云蛂說文作蟠云蟠蟥也又云蛢蟠蟥以翼鳴者鄭注梓人云翼鳴發皇屬蓋發蛂聲近皇蟥字通也但許鄭竝以蛂蟥名蛢郭以黃蛢名蛂師讀不同

不蜩王蚥經文

阮云按上蠸與父釋文云父音甫下同則陸於此作父唐石經加虫旁非　潘克溥云按不與丕通書大誥爾丕克遠省馬融作不泰和鐘銘不顯皇祖猶書丕顯丕承也爾雅名王者多取大義則不蜩即丕蜩也故曰王蚥

蛄䗐强蛘 經文

阮云唐石經蛄作姑按說文䗐姑䗐强羋也字亦作姑今作虫旁非

今米穀中蠹小黑蟲是也 注文

阮云按疏云今米穀中小黑蠹蟲也此誤倒

亦名青䗂 注文

阮云釋文作蜻蛚當從之

蚣蝬也 注文

阮云釋文蚣本亦作螉同烏公反說文螉蟲在牛馬皮者螉蝬也又蜙蜙蝑以股鳴者蜙蝑或省後人據說文蚣蜙爲一字因改蚣爲蜙不知此蚣爲螉之省文蓋經作蜙蝑字注作螉蝬字　按此郭注誤蜙蝑與螉蝬不可合而爲一說文廁蜙蝑於蟅蝗之上廁螉蝬於蠜蝝之上

各以類從訓釋亦畫然二物當據以訂正

莫貈螗蜋蛑　經文

郝云郭云孫叔然以方言說此者方言云螳蜋謂之髦或謂之虰或謂之蛑蛑孫炎取此以下文虰字上屬郭所不從

䖸羅　經文

按說文䖵部䖸蠶化飛䖸或作蛾虫部蛾羅也是一字訓釋互異許蛾蒙於螘丁螘蚔螘子之閒蓋卽以蛾爲螘蛾蟻又古今字與此之䖸訓羅者不同疑說文蛾羅也之訓有誤盧校釋文說此義亦不了

螒天雞　經文

阮云釋文翰胡旦反字林作螒同按文選江賦引作翰天雞與陸本合此及釋鳥鶾天雞字皆宜作翰釋鳥釋文鶾本又作翰當云翰本又作

蜦今本出後人乙改因文在釋蟲故從虫文在釋鳥故從鳥也

蜆縊女 經文

阮云釋文蜆孫音俔按俔與磬聲相轉毛詩俔天之妹韓詩作磬禮記文王世子注云縣縊殺之曰磬此縊女之所以名蜆也

齊人呼蟻蟻蛘 注文

阮云猶呼蟻爲蟻蛘也此本方言有改下一字作爲者非

蛜威 經文

阮云釋文蛜音伊本今作伊按當爲蛜音伊本今作蛜說文作蛜從虫伊省聲

蟰蛸 經文

阮云蟰或作蠨按釋文蟰詩作蠨明爾雅不作蠨也

分別蟲啖食禾所在之名耳注文

阮云詩大田正義引郭云分別蟲啖禾所在之名耳郭注多言啖今本誤衍食字

釋魚

鯉鱣鰋鮎鱧鯇經文

邵云詩魚麗毛傳云鰋鮎也疏引舍人云鯉一名鱣鱧一名鯇孫炎謂鰋鮎一魚鱧鯇一魚又說文云鯉鱣也鱣鯉也是皆謂爾雅釋二名以鱣釋鯉以鮎釋鰋以鯇釋鱧也郭氏分爲六物得諸時驗不從先儒舊說或疑爾雅單列六物與前後訓釋之體不符按荀子正名篇云單足以喻則單單不足以喻則兼且以此六物人所易喻無俟兼名訓釋陸德明謂目驗毛傳與世不協從郭注是六魚之名也　按李惇羣經識

小云鱣字詩凡三見碩人傳云鱣鯉也潛傳云鱣大鯉也四月箋亦云鱣鯉也是鱣之爲鯉毛鄭竝同今所傳定本毛傳訓鱧爲鯛與郭注同然按正義云徧檢諸本或作鱧鱯或作鱧鯇似毛傳仍當作鱧鯇也爾雅一書草木蟲魚以下皆是二物互釋無開卷舉一字之名上下無所附屬者按李說是也釋獸所舉三鼠之名亦皆上下互釋故字林云鼮鼠卽鼮鼠也以豹文屬鼮鼠則上下六鼠適得其均於全書之體方合也

體員而有點文 注文

阮云點文當作文點下注文云言文點可證

鮥鮛鮪 經文

阮云按釋文云叔字林作鮛是爾雅不作鮛也詩潛釋文引爾雅云鮥

叔鮪可證注亦當作叔　潘克溥云古人名物有借喻於人者如說文雄鳥父雎鳥母大者曰王彗王瓜王雎王蛇小者曰女桑女蘿妾魚魚婢鵙似鶌鶋而大曰伯勞伯鷯鮪大者名王鮪小者名叔鮪其義一也

出穢邪頭國　注文

阮云按釋文魵郭云小鰕別名薑並載二說而今本有脫也郝云此郭音義之文欲別於鰝大鰕不知此魚名耳

鯬鯠　經文

郝云釋文引廣雅云鮆鯬今廣雅鈌又引埤蒼云鯬鯠鮆也並與上文鮆字相屬此古讀也詩九罭疏引釋魚有鱒魴樊光引此詩然則樊讀鱒魴相屬鮆鯬鯠相屬故張揖從古讀也郭氏不從埤倉廣雅故云未詳　邵云鮆自名魴不聞魴名鯬鯠也當從郭注

一名孑孓 注文

阮云諸本俱作孑孑非今訂正釋文孑紀列反字林云無右臂孓九月反字林云無左臂

鼁𪓰蟾諸 經文

臧在東云說文黽部鼀下云𪓰鼀詹諸也詩曰得此𪓰鼀今毛詩作戚施言其行鼀鼀又鼁下云鼁鼀舊作先鼀譌詹諸也其鳴詹諸其皮鼁鼁其行鼀鼀此卽孟子施施從外來之施施舊作先先訛今改正從黽從先先亦聲𪓰下云鼀或從酋然則鼀𪓰實一字也今爾雅鼁鼀卽鼁之訛釋文字從去起據反則陸所見本已誤𪓰卽鼁不當重出以說文校之則𪓰當爲鼀釋文音秋則陸本已訛

盧云戴震云鼁當作鼀說文鼀或作𪓰又鼀式支切引詩得此𪓰鼀𪓰當作鼀說文誤以爲同鼀陸音𪓰爲秋亦非是案戴氏說核之爾雅

誠是但䵹字從酋得聲似音秋亦非誤 按此爾雅誤也說文不誤䵹當同鼀不當同鼁䵹從酋得聲與鼀之七宿切爲一聲之轉去鼁則遠矣當仍以臧說爲是

仰者謝 經文

阮云釋文謝如字衆家本作射按禮記玉藻注云謂靈射之屬所當用者是鄭氏所據本亦作射龜人地龜曰繹屬注云仰者繹此順周禮經字以繹爲射也周禮古文故作繹爾雅今文故作射郭本作謝非

行頭左庳 注文

阮云釋文俾普計反下同本今作庳按說文俾俾門侍人俔俾也一切經音義卷十云說文頓傾頭也蒼頡篇頓不正也俾頓字蓋通左右俾者行時頭俾倚於左右少衺傾也邢疏作庳字誤甚釋文音經俔亦作

晲又文選思元賦注引郭注行頭至𦠆也考說文有俾無𦠆晲爲邪視其義非也　郝云倪與晲同賈疏以爲頭向左相睥晲是也

蟦經文

阮云釋文蟦本或作䲔按注卽上小貝則當同上作䲔邢疏亦作䲔

螣螣蛇經文

郝云按螣螣二字形近釋文上直錦反字又作朕下字又作螣徒登反

阮云螣螣雖兩體實一字據釋文知本作螣螣蛇唐石經作螣螣誤

淮南云蟒蛇注文

邢疏云蟒當爲奔淮南子覽冥篇後奔蛇許愼云奔蛇馳蛇也或云淮南呼此螣爲蟒蛇義亦通

蝮虺經文

阮云釋文虫即虺字按此當經作虫注作虺　郝云虺者虫之假借也說文蝮虫也虫一名蝮可證詩疏引舍人曰蝮一名虺江淮以南曰蝮江淮以北曰虺郭注此自一種蛇名蝮虺非是

釋鳥

鵯鶋　經文

阮云王宗炎云淮南說林篇烏力勝日而服於鵻禮高誘注云鵻禮爾雅謂禆笠此經鵯當作鵯釋文所載四音其字皆當從卑也按此古支淸合音之理臧霞已詳言之

江東名爲烏鴝　注文

潘竟溥云按釋文白如字本或作鴝是注原作白後人加鳥作鴝因訛鴝溥訛鴝耳五音集韵鵖鳥名似鴝書作鴝

好在江渚山邊食魚注文

阮云按雎鳩水鳥不當言在山邊據詩正義引作好在江邊沚中亦食魚則此注當作好在江中渚邊沚渚義通山爲中字之誤

鵅鵋鶀經文

阮云釋文鵋本亦作忌鶀本亦作欺下欺老同本今作鶀按鶀字從欺故通作欺今作鶀非也據說文鵋欺老也可證又據說文隹部雒忌欺也鳥部鵅烏鸔也二字音同文異唐石經前後皆作鵅非

鴝鵒注文

阮云釋文鴝古侯反本今作鴝按一切經音義卷十七鴝鵒下引爾雅舍人郭氏皆作鴝鵒論文鴝與鸜同音具俞反鸜鵒鳥也鴝非字義從陸本是

鵱鷜鵝 經文

邵云說文鯥蔞鵞也此鵱當作婁玉篇云鵱鷜野鵝也則又以鵱鷜二字連讀矣、段玉裁說文解字注云篇韻皆以鵱鷜爲句許作蔞而下屬則師讀不同

與鵛鷂 經文

阮云釋文與音餘樊孫本作鸒按與即鸒之省唐石經作與非

江南呼之爲鷣 注文

阮云各本俱作南注疏本南改東

鶨鶀老 經文

郝云說文鶨欺老也左昭十七年疏云舍人李巡孫炎郭璞皆斷老上屬鳸下屬解云鶨一名欺老鳸一名鴳鴳雀也惟樊光斷鶨鶀爲句以

老下屬按說文雗九扈之名有老扈鴳然則二讀俱通故許兩從之

鳹鵝也 注文

阮云鳹或作鴿非釋文鳹巨炎反

鸒斯 經文

釋文云本多無此字案斯是詩人協句之言後人因將添此字也而俗本遂斯旁作鳥謬甚

鴽鴾母 經文

阮云釋文毋如字李音無舍人本作無則石經作毋非禮記月令注鴽母無釋文毋音牟正義曰毋當作牟聲轉字誤儀禮公食大夫禮注鴽無母誤倒當依月令注作毋無其毋字作無與舍人本合 郝云毋毋二字形近易譌故釋文云毋如字李音無以分別之者爾雅正作毋毋

無音同釋文又何必舉李音爲辭費乎必知毋當作母者以鴾母是鳥聲因爲鳥名古讀無如模與鴾母俱雙聲故郭及舍人本俱相通借可知古本必不作毋矣　按盧召弓亦云陸云如字李音無則字當作母據此郝說是

巂周　燕燕鳦經文

郝云說文云巂周燕也此古義也詩疏引舍人曰巂周名燕燕又名鳦孫炎曰別三名文選七命䕶髀猩脣注引呂氏春秋肉之美者巂燕之髀今呂覽本味篇作巂髀誤此燕名巂周之證

桑鳸竊脂經文

臧氏爾雅漢注云冬鳸下舊衍桑鳸竊脂四字邵編修晉涵正義立七證辨爲後人羼入而删去從之　按邵說是也

牝庳 經文

阮云庳或作痺誤

膏中鎣刀 注文

阮云釋文鎣烏瞑反本今作瑩按磨鎣字當從金今本作瑩非

鸐 經文

釋文作翟盧云案從隹已是鳥更加鳥旁非 潘克溥云按隹雀皆是鳥而說文有雗鶴字盧說不足據且說文隹爲短尾鳥此注云長尾則從鳥豈無意乎

今白鵫也 注文

阮云釋文鵫音白本今作白按注當本用鵫字今本盡因下文白雗白雉誤改

言其毛色光鮮注文

阮云邵晉涵正義曰邢疏引郭注此下有王后之服以爲飾七字檢諸本俱無按邢疏有引周禮申釋之辭則爲郭注無疑

卽鷂雉也注文

阮云邢疏引郭注此下有亦王后之服以爲飾八字下引周禮申釋之

鵙經文

盧云本或作[illegible]非

鷚經文

釋文云說文作雡鳥大雛也一曰雉之暮子也盧云說文鷚天鸙也文見前不與雡同訓按鷚當改作雡

倉庚鵹黃也經文

阮云釋文作鵹按上鵹黃與此鵹黃爲一不當殊文或因注云其色鵹黑而黃因以改經矣五經文字云爾雅作鵹所據與唐石經今本同

釋獸

其跡速 經文

阮云釋文𨘋本又作速按速當作迹段玉裁云說文速爲籀文迹廣雅蹤跡解远迹也四字正釋爾雅曹憲音跡爲匹迹速與跡同字石鼓詩亦當讀麀鹿速速

麀鹿麌麌 注文

阮云麌麌當作噳噳釋文音經麌一作慶麌即噳之訛爲經注異文之證陸所見本已溷混矣說文噳下引詩云麌鹿羣口相聚貌無麌字

四貒皆白貈 注文

阮云釋文蹢蹏也本今作豴則郭本必作蹢字自五經文字誤作豕豴

而唐石經因之

甝 經文

潘克溥云說文䖘白虎也從虎昔省莫狄切無甝字則甝必䖘之訛釋

文甝下甘反又亾狄反陸氏兩存其音豈甝䖘古通歟

似熊而長頭 注文

阮云詩斯干正義引作長頸此作頭誤一切經音義卷二十四所引同

此下有似馬有髦四字今諸本無

麐 經文

阮云釋文麐本又作麟牝麒也五經文字云麐牝騏也經典皆作麟惟

爾雅作此麐字按說文麒仁獸也麐牝麒也麟大牡鹿也是麒麟字作

麐今毛詩春秋禮記作麟者同聲假借也惟爾雅作麐爲正

玃 經文

盧云釋文字亦作玃俱縛反說文云大母猴也按說文豸部云貜𤢃貜也從豸矍聲玃母猴也從犬矍聲爾雅字當從犬

能玃持人 注文

阮云說文引爾雅云玃父善顧攫持人也此玃持當爲攫持之訛注以攫釋玃本說文　按阮說是也今徑改

好顧盻 注文

阮云毛本盻誤盼釋文眄亡見反按說文眄邪視也莫典切當用此字盻恨視也胡計切盼美目盼兮匹莧切皆非此義

以尾塞鼻 注文

臧云後漢書馬融傳注引此注以尾塞鼻下有零陵南康人呼之音餘建平人呼之音相贈遺之遺也又音余救反皆土俗輕重不同耳按宋以來本皆無此文郭注釋獸每以零陵南康等方土爲證且注中具有音切俗人以其非要刪之古音遂不可知矣或以此類爲郭氏音義之文恐非

闕洩經文

阮云釋文單疏本洩作泄是

鼣鼠經文

阮云段玉裁云鼣當爲鼥釋文鼣字或作鼥符廢反舍人云其鳴如犬也集韻二十廢鼣鼥鼠名其鳴如犬吠或從發藝文類聚卷九十五引爾雅作鼥鼠音吠犮發聲相近今本從犬訛

關西呼爲鼩鼠見廣雅鼩音瞿注文

邢疏云關西呼爲鼩鼠見廣雅鼩音雀今本作鼩誤也　阮云釋文鼩郭音雀將略反或誤爲瞿字

鼨鼠經文

郝云說文以鼨爲豹文鼠則與下句相屬與郭讀異　武云藝文類聚引鼨鼠鼮鼠以豹文作小註似於豹文亦屬鼨鼠

漢武帝時得此鼠孝廉郎終軍知之注文

臧云據廣韵藝文類聚太平御覽竝引竇氏家傳此爲竇攸在世祖時事李善注文選任彥昇爲蕭揚州作薦士表引摯虞三輔決錄注亦同　郭氏屬之終軍蓋傳聞之誤

狀如鼠而大蒼色在樹木上注文

阮云段玉裁云初學記引作江東呼鼯鼠者似鼠而大食鳥在樹木上又以食鳥毀牛爲事對着邑蓋食鳥形近之譌

食之已久復出嚼之 注文

阮云詩無羊釋文引郭注云食已復出嚼之也又一切經音義卷九引此云食之已復出嚼之也今本衍之久脫也字

羊曰齥 經文

阮云釋文齥作齝按當作齝注洩當作泄皆唐人避諱改也說文齝羊粻也

釋畜

蹏如趼而健上山 注文

阮云釋文引郭云蹏如研而健上山此作趼訛釋文引舍人云研平也

謂蹏平正李云其蹏正堅而平似研也釋文音經硏本或作研段玉裁云如淳百官公卿表注作昆蹏研師古曰蹏研者謂其蹏下平也作研爲是作硏者淺人所改

盜驪綠耳 注文

阮云史記索隱秦本紀引穆王傳綠作騄此亦引穆傳字當作騄五經文字馬部騄音綠騄耳見爾雅

卽馬高八尺 注文

阮云八尺下當有者字

四蹢皆白首 經文

邵云四蹏皆白者謂之前諸本訛作首按玉篇云騚四蹏白廣雅云蹢四蹏皆白也是爾雅舊本作前後人增加馬字作騚又因字形相涉前

誤爲首也今改正　阮云諸本中惟宋雪窗本作騟

白州驠經文

潘克溥云注州竅按山海經倫山之熊其川在尾上郭注川竅也據此州是當川之訛釋名川穿也與竅義近

尾白駺經文

盧云釋文駺本多作狼按說文有狼無駺知古通借作狼

馰顙經文

阮云釋文云的字林作馰是爾雅不作馰也單疏本馰作的引易震爲的顙按說文引周易爲馰顙又日部的下引易爲的顙的本從日俗從白作的

回毛在膺宜乘經文

阮云釋文椉字又作乘按爾雅乘字多作椉石經此作乘非

騋牝驪牝 經文

臧云釋文云孫注改上騋牝爲牡讀與郭異按鄭注夏官廋人引爾雅曰騋牡驪牝元按疏云牝則驪色牡元色兼有駒褭驂則鄭本爾雅亦上騋牝爲牡孫與鄭合非私改也周禮釋文云牡驪絕句牝元絕句郭璞義異鄭又按釋獸凡言牝牡者皆牡在牝上陰陽先後之義也檀弓注引爾雅曰騋牝驪牡元此必近人依郭氏爾雅竄改當以廋人注爲正正義曰或爾雅釋詩云騋牝郭注元駒小馬稍異鄭也據正義知禮記注本作騋牡不作騋牝矣幸有二禮注疏及釋文尚得見孫鄭爾雅眞本也又曰鄭康成孫叔然本作騋牡驪牝元郭景純本作騋牝驪牝騋古音讀如驪故爾雅以驪牝釋詩騋牝釋文騋牝頻忍反下同指下驪牝之牝也今本

作驪牡係妄改陸云孫注改上騋牡爲牡讀與郭異因下作驪牡故言上騋牝別之且以明下驪牝爲孫郭同也　按詩傳曰騋馬與牝馬也明非一物郭義與傳異許君說文引詩亦騋牝驪牝此郭義所本說亦見經義雜記

駁馬注文

阮云釋文爻本或作駁俗字

今之泥驄注文

阮云詩駉正義引此注下有或云目下白或云白陰皆非也十二字正義有申釋之辭

詩曰有騅有駓注文

阮云詩正義引郭注曰即今騅馬也與今本異

卽今之豬白馬彤赤 注文

阮云按此注誤倒詩正義引郭云彤赤也卽今豬白馬是也猶陰白雜毛駰注先言陰淺黑訓陰爲淺黑後云今之泥驄與時驗以證之

今之淺黃色者爲騧馬 注文

阮云釋文之作以當從之

領上肉犦胅起 注文

釋文𦢊本亦作犦阮云𦢊胅字當從肉鄭注考工記云𦢊謂墳起後人援經改注非是

犩牛 經文

阮云諸本作犩惟吳刻本作魏盧文弨曰山海經中山經夔牛郭傳云卽爾雅所謂魏夔魏兩字俱無牛旁按五經文字牛部載爾雅牛屬字

無犘犤二字蓋張參所據本亦作魏

犣牛 經文

阮云釋文犣字林云牛名也本多作鬣字此牛多毛鬣按注云旄牛也

釋文旄作髦郭以髦訓鬣則經必作鬣字今本援字林改說文無犣

牛角低仰 注文

阮云釋文低印五剛反又魚丈反按仰當作印今本訛

體長牬 經文

阮云按五經文字引爾雅作牬布大反玉篇牬布外反牛體長當據以

訂正釋文博蓋反雪窗本音貝則字本作牬也按以艸木朩木然之朩

爲聲

欣犌 經文

邵云玉篇㸷牛有力廣韻㸷牛絕有力欣字疑衍　阮云此方俗語言邵說誤　按郝從邵說

牡羭牝羖經文

郝云說文夏羊牡曰羖又云夏羊牡曰羭此牡字誤段氏注改牡爲牝云羖必是牡知羭必是牝其說是矣但釋畜之例俱先牡後牝則此當云牡羖牝羭不知何時誤倒其文蓋郭本已然矣急就篇云牂羖羯羠䍧羝羭顏師古注羭夏羊之牝羖夏羊之牡也分明不誤宜據以訂正

短喙猲獢經文

阮云釋文獥許謁反字林作猲據此知爾雅不作猲釋文作獥者獥之訛毛詩作歇驕者通借字說文亦作猲玉篇獥許謁切獥獢犬短喙也

馬八尺以上爲駥注文

阮云單疏本元本駥作龍此經注異字之證本作駥非　郝云郭引作駥者明此駥彼龍二者相當因而改龍爲駥非周禮舊文也

害狗注文

疏云靈公有周狗何休云周可以比周之狗所指如意是也今此周作害蓋傳寫誤

尙書孔氏傳曰犬高四尺曰獒卽此義注文

阮云段玉裁云此非郭注後人所益阮按單疏本標起止云注公羊至之獒是邢氏所據郭注無此十五字也

六畜經文

彭云監本脫此二字標題案　武英殿本考證云石經鄭本俱有此二字今從補右六畜有毳五尺爲豣一句則上文羊屬之後應有毳屬今

乃廁于釋獸兎子娩之後曰豕子豬云云不知何時以音入獸也至善堂九經本亦有此二字今從之至疑不宜入寓屬考證甚確然無從據改矣

爾雅經注卷下集證

古韻通説

古韻通說廿卷

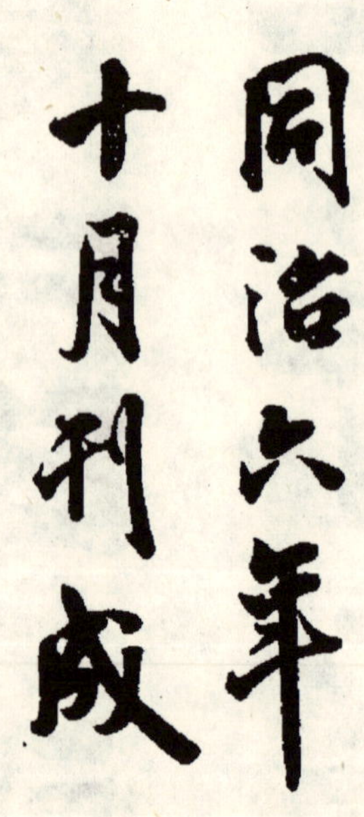
同治六年
十月刊成

序

古韵通說三卷臨桂龍子翰臣之所作也我

朝書數之學精密爲從來未有而論古韵則起顧甯人氏顧氏之書又本勝朝陳氏季立之毛詩古音考屈宋古音義兩書百餘年來江段姚張苗氏又從而精密之殆幾幾乎蔑以加矣而毛氏之古今通韵乃從顧氏之後起而攻之騁其辯給或反糾紛而不可治夫音韵之學以密得精不容逞臆然而天地之元音則日在乎宇宙之間必若段氏所謂因其自然靡所矯拂合以古人經傳之遺而罔或齟齬又非徒恃乎博聞醜記者之所能强盖不獨古今韵之所以通也卽以古韵論部分通轉諸家剖析幼眇窮極左驗而亦有時扞格其間甚矣學之未可易言通也翰臣與余同進士府有字書之作頗行京師例與顏元孫張參書略同以爲試場用耳好

古之士或竊議之翰臣時方肆力于古取顧段氏書而熟復之刖十餘年鍥而不已乃成此書咸豐丙辰重會京師出以相質書出諸家之後乃能大集衆說之長而自爲之說所獨得者則以雙聲爲轉韵之異名同實是卽振古之元音印之方言鄙語所在多有古經用韵及字書偏旁所弗合者求之以是無不可通誠爲談古韵者之一大快又謂古韵唯分之愈嚴合之乃以愈得其寛爲其能知所以經緯之故則是十餘年前嘗與翰臣讀江氏書所有論也翰臣爲人敦博力善自翰林提學湖北以憂歸嘗凴鄉園遷列卿復還京師未幾外轉江西布政方時大棘理財用人備諸跋疐廑踰一年猝死於官江之士民猶悲思之平生所著書及詩文詞皆集而未刻出都之日乃以是書所手定本屬余甚殷余以爲是虚己善下之常而豈謂是其將死也余於音韵既未嘗學比年又勞勞於職事欲付校

刻遂巡未暇同治丙寅謫官假歸道出廣州日與陳子蘭甫見述古韻寬嚴分合之故頗合爰以是書質之蘭甫喜謂所見略同且出向所自著古韻通轉而中輟者示余蓋翰臣書以縱而蘭甫以衡字者孳也縱以代生韻者均也衡以類比二者一也念同聲之幸獲快夙願之可償乃以是書乞訂定就刊焉蘭甫慨然允諾又言其友潘氏父子亦邃是學足資校讎余時自廣州亟歸桂林因豫書其緣起如此至其書之得失可否其所謂通之義蘭甫必不靳整齊之刊成爲之敘傳於世且以貺我而報死友於九原也時同治五年丙寅冬十一月馬平王拯序

古韻通說序

古韻通說二十卷臨桂龍子翰臣之所作也我　朝書數之學精密為從來所未有而論古韻則起顧亭林氏顧氏之書實本勝朝陳第之毛詩古音考而加以闡索百餘年來江段姚張苗氏又從而精密之殆幾幾乎蔑以加矣而毛氏之古今通韻乃舉顧氏之說而力掊之騁其辯博反以至於糾紛而不可治夫音韻之學尤以密而精參互考訂以知其說然而天地之元音固日在乎宇宙之間必求之口耳能卽於人心所同然合之古之經傳之遺而罔或齟齬斯為得之非徒恃乎博聞強記者之所能強故不惟古今韻之所以通卽以古韻論其部分通轉諸家剖析幼眇窮極左驗而亦有時扞格其間甚矣學之未可易言通也吾友翰臣與余同進士殿試第一時有字書之作頗行京師例與顏元孫張參書略同其意則丁

度禮部韻略附論類耳好古之士頗竊議之翰臣時方肆力於古於余取顧段氏書而熟復之未幾余假歸與之別十餘年翰臣竣而不已咸豐丙辰重會京師出此古韻通説相質翰臣學既成而懷負深遠當用於世是書特專力古韻於顧江段張苗氏諸家之説悉取而參訂之自爲之説所獨得者則以雙聲爲轉音之異名而同實以謂振古元音天地間自有是未嘗亡失者驗之方言鄙語所在多有古經用韻及字書偏旁有弗合者求之以是無不可通又以爲論古韻者貴嚴而用古韻貴寬爲能知其所以分合之故則是十餘年前與翰臣讀江氏書所嘗論也書成於諸家之後故能集諸説之長而淹熟貫通誠爲論古韻者之一大快翰臣外轉廑踰一年遽卒於官京師頗行乃以是書所手定本相屬甚殷余故謂是虛己善下之常而豈謂其爲將死也余於音韻既未嘗學頻年又勞苦於職

尋欲付剞劂卒卒未能同治丙寅謫官假歸道出廣州陳子蘭甫學博當世學人聞聲久矣見而與論古韻寬嚴之故訢合罔閒爰以是書質之學博喜謂所見略同且出向所自著諧聲之書而中輟者示余蓋韻臣書以縱而蘭甫以衡夫字者孳也縱以遞生韻者均也衡以類比二者一也念同聲之幸獲快夙願之可償乃以是書乞訂定就刊焉蘭甫慨然允諾又言其友潘氏父子亦精字書足資校讎余時方自廣州亟歸桂林因豫書其緣起至其書之得失可否其所謂通之義固不同毛氏而於顧江以下取裁弗穿之閒有無或異蘭甫必不靳整齊之刊成爲之序其大意以傳於世且以貺我而報死友於九原也詎非幸歟時在同治五年丙寅冬十一月馬平王拯序

古韻通說總論

論古韻寬嚴得失

論古韻者自亭林以前失之疏自茂堂以後過於密江慎脩氏酌乎其中而亦未爲盡善亭林規模已備中閒營衞未立小小越畔時或有之其致據精确則不可磨也茂堂細筋入骨分肌擘理其分之脂支三部能發前人所未發餘所分者求之古經率多可據其分配入聲未極精審不免千慮之失然而分合周備條理井然可謂文而不煩博而知要者矣後之陽湖張氏高郵王氏曲阜孔氏歙江氏諸子之學皆博足以綜其蕃變精足以定其指歸要之諸家愈分愈密皆由茂堂氏精而求之以極於無以復加之地閒嘗取其書讀之則張氏之分爲二十一部者與高郵王氏畧同其依據說文折衷經韻使人觀形可以得聲之誤復審音可以定形之譌

而於通轉流變之閒尤能言之盡意蓋比近已來言古韻之書莫善乎是矣同時武進劉申甫氏復有詩聲衍之作其全書未刻不得見觀其文集中所載序論及標目部分益亦竊取張氏之義而爲之者也其論入聲同部異用及異部同用較諸家尤爲明備覺段氏之精於說文猶未見及益於是而歎劉氏之書之爲至密而無憾也臯文張氏有言凡言古韻者分之不嫌密合之不嫌廣惟分之密其合之也脈絡分明不至因一字而疑各韻可通亦不至因各韻而疑一字之不可通啓瑞不敏竊嘗服膺是言故今之集古韻也意主於嚴而其爲通說也則較之顧氏而尚覺其寬其分也有所以可分之由其合也有所以得合之故皆爲剖而明之不敢拘前人成說不敢執一己私見亦曰參之古書以求其是質之人心而得其安而已

論平上去入四聲不可缺一及論古韻有某部闕某聲之誤

平上去入四聲始於永明而定於梁陳之世當日沈約諸人精通音律製爲四聲以括天下之字蓋必有不可得而增不可得而減者今以三百篇驗之平上去三聲多相通協入聲輒多獨用中惟上去二音所辨甚微蓋其高下抑揚之閒亦如平聲之有陰陽也而陰陽之分如物之有表裏上去之辨如音之有節奏表裏同是一物舉其表而裏卽在節奏非是一聲欲廢其一則音不全此陰平陽平之部可以不立而上去二聲必不可得而併也近之言古韻者毋謂某韻有平無上或有上而無去入或有去入而無平上吾不知所謂無者特就古人所用之韻及説文諧聲之字驗之乎抑將以四聲遞轉求之乎如以四聲遞轉求之則天下有有聲無字者斷未有無字而並無其聲者試以等韻求之可見也彥惟張氏曰冬部之字以今韻讀之亦無

上入聲也此言未解愼修江氏曰凡等韵所空之位人以爲有音無字夫有音而未製字者有之若當此位屢無字則非未製字也當是等則缺此位猶琴之四聲當徽則鳴不當徽則否莫知其所以然也案此言亦未確今試取江氏所列冬○宋沃等韵讀之其無上聲之處皆未嘗無音也以二合之字書之則立見矣而又未嘗混入東韵也彼腫韵之湩字昔人旣以爲冬韵之上聲而說文沖讀若動抑又何歟如謂此字古不經見或有此字而古未嘗用爲此聲遂謂某部某聲理當廢絕不知古人製字之時原未嘗求其聲字俱備且如未有四聲之時則平聲皆可讀上上聲皆可讀平去入聲皆可讀若平上如離騷中惡字能字可舉爲例類此者不可勝數而又何有平上而無去入有去入而無平上之可言乎以四聲較之惟入聲音節促迫疑古韵中自爲一類其與平上去三聲通用者絕少說文偏旁之字亦多與三聲不合又有偏旁之字只有三聲而無入聲者此入聲無正紐之說又有得聲之字在此部而其聲多轉他部者此入聲有旁紐之說故亭林顧氏謂古無入聲之說不爲無見入聲偏旁又多从去聲而轉此段茂堂古無去聲之說所由來要而論之以今音證

古音以古書證古韵其所得者已十之七八但言某部中古無某聲之字則可謂某部中古無某聲則不可也

論部分標目

舊之言古韵者皆以廣韵標目以其承習既久人所易曉也皋文張氏謂部中建首之字或改入他部（如尤字入之咍庚字入陽唐之類）亦何取其虛目而存之故所箸諧聲譜[illegible]以詩經中先出字建首此言與鄙見大合當未得見張氏書時頗以此立論既得讀其書後遂不欲與之雷同因念諸家分部之説言人人殊江之弟一部非段之所謂弟一部也段之弟一部又非孔江張之所謂弟一部也其他皆如是此不亦求之於古既不合以示於今則難曉者乎今故仍以廣韵標目其兩韵合爲一部者則取其先見者爲韵先見者本音應入他部乃取其次者名之（如庚取耕尤取幽是也）各韵之目仍附於建

首韻下庶乎承學之士不至迷於鄉方而參攷鉤稽兼得瞭如指掌矣引諸家論說中有云某字應入某部者其部分皆其所自立各有不同今皆以廣韻標目之字易之庶省檢閱

論方音合韻轉聲

凡詩韻中有明知為韻而齟齬不合者如沖陰諶終調同造士之類顧氏江氏以為方音或曰通用叚借段則以為合韻三者之說段為近理而未為盡善夫言方音者無論聖人脩辭立教何至於樂操土音即謂方音可用如桑柔以東韻慇小戎以中韻驂雲漢以蟲宮宗躬韻臨江氏以為皆西周及秦之詩當日關中固有此音矣何以夫子傳易於屯於比於艮其用韻復與詩合試思魯地去關中千有餘里果其兩地相同即不得謂之方音此固不待辨而明矣段氏分部最嚴於古韻所不可通者皆謂之合韻不止於沖陰諶終等也而皆不至如顧氏江氏之無說且其合韻多以

異平同入爲樞紐卽聲近相轉之例於文字音韵之理實能洞見本原至於立說有未當者則不宜以合韵加之古人夫古人之韵吾既不得而見之矣又安知何者之爲合耶宜乎篤守亭林十部之學者羣起而譏之也夫合韵不外乎轉聲轉聲不外乎雙聲今人所謂雙聲卽漢儒所謂聲相近也凡聲近者皆可轉而不近者不能焉今試取三百篇之觝齬者而論之有一不出於雙聲者否段氏知此理而不肯以立言顧樂爲合韵之說以自遁夫言韵則有一定之限故出此入彼人皆得以越畔譏之言聲則遞轉而無窮卽何必以實系可轉之音而樂就乎渺不可知之韵故今之言古韵者言方音不如言合韵言合韵不如言轉聲轉聲之說自錢竹汀詹事發之詹事聲類一書近孚流傳故其說人多不省及而實開字學音學之奧窔蒙之爲古韵也實竊取其義焉而尚不能廢段氏合韵之說則

以今之分部太密不得不爲是說以通之實則今所謂合韵者皆古人通用之韵吾以是分之則亦以是合之云爾夫合韵者吾之所得已也若轉聲則非吾之所得已也

論詩以雙聲爲韵說文以雙聲爲聲

詩之以雙聲爲韵者賓筵四章以呶韵僛即轉呶之音如疑呶疑雙聲也呶不與僛韵而疑與僛韵矣谷風三章以怨韵萎即轉怨之音如謂怨謂雙聲也怨不與萎韵而謂與萎韵矣桑柔八章以瞻韵相即轉瞻之音如章瞻章雙聲也瞻不與相韵而章與相韵矣推之羣經諸子用雜韵之處無不皆然大抵古人作詩兼用轉韵試以時音譬之如東董凍獨既是正韵則登等嶝德即是轉韵今人但知東董洞獨可爲一韵而不知登與東等與董亦可爲韵嶝德與洞獨亦可互通爲韵也然古人用正韵之時多

而用轉韻之時少即其可通轉者亦必有通轉之法而今皆不可識矣尚可攷者於許氏說文偏旁諸聲之字往往得之夫諸聲必取諸本韻夫人而知之也至有取諸轉聲者小徐旁紐之說畧發其端緒近日茂堂段氏注中屢言之蔡友王氏又於說文釋例中詳言之而拘者猶未之信試以數字明之如曼冒聲也冒音如帽又讀如墨帽與墨皆曼雙聲今必謂曼不與冒韻當从又冒删聲字則他處恐有不能盡删者矣萑隺聲也隺許書讀若和而萑當讀如桓桓與和雙聲也今必謂此兩字當讀爲一韻則未知當从隺入歌韻乎抑从萑入寒韻乎此兩文之異讀固不始於今日矣推之敨从古雙聲近有謂从占聲者其說非是凡雙聲爲聲之字較之疊韻尤爲親切以疊韻是旁行其類尚寬雙聲爲直射其法更密此非深思不悟　汎从八雙聲叢从取雙聲牡从土雙聲莧从苜雙聲鼔从孰雙聲汨从冥省雙聲憲从害省雙聲充从育省雙聲作从作省雙聲神

明變化之中仍復條分縷析又可證者凡或體中所从之字多與小篆雙聲遞變如䵒本日聲也而或从刃作䵑則刃與日雙聲矣肶本肥聲也而或从貴作膭則肥與貴雙聲矣玭本比聲也而夏書从賓作璸則賓與比雙聲矣如斯之類不可勝言又凡古今音韵之流變皆由雙聲遞轉無論叚借通用與夫習譌傳譌及五方言語不齊皆可於雙聲求之許書中有讀若讀同之例雖非盡三代以前之韵亦非漢以後之音其閒以雙聲遞轉者如姐本且聲也而讀若左㰖本喿聲也而讀若戴舠本刀聲也而讀若兀𥢶本蔑聲也而讀若靡此亦可推尋其故者凡漢儒解經多通其音義以爲訓詁鄭注禮器撕之爲言殳也殳與撕爲雙聲蓋殳之本音如殊有楈之讀若殳者可證而殳之轉音又如衫有[illegible]之讀若殳者可證鄭注若用殳之轉音則殳撕叠韵若用殳之本音則殳撕又爲雙聲此亦如儀

禮士虞禮注以禫服之禫爲導攷工記瓬先鄭讀爲甫後鄭讀爲放蓋因禫與導雙聲甫與放雙聲可通借互用也然此豈惟鄭注許君說解固恒有之如八別也粵于也木冒也鼓郭也倢佽也之類開卷卽是不叚思索又如打本丁聲也而今讀荅上聲則頂與打雙聲也西本先音也而今讀入齊韵則西與先雙聲也推之喁禺旂斤幷幵風凡之類又無不皆然昔者由本音而變爲轉韵今也卽可由轉韵而知其本音且閩人讀皋如鬼讀人如靈皋鬼人靈雙聲也秦人讀風如分讀宗如租風分宗租亦雙聲也凡南人入聲之字今北人多轉爲去由其所轉推之固亦無不雙聲也故知雙聲之爲用不窮然後可以推古音之原本可以識今音之流變可以訂方音之譌誤讀詩而不知雙聲可爲韵將有本韵而謂爲非韵者讀說文而不知雙聲可爲聲將有本聲而謂爲非聲者其誤豈小小哉

論入聲四則

凡入聲字用平聲旁紐故凡有入聲之部皆須轉音然後得入儻有入聲在本部而與平聲爲正紐者皆非其入聲字之正音也以今音讀之如之止志職爲正紐則職當讀如招朱主住蜀爲正紐則蜀當讀如濯之類又如之部之直支部之谷以今音皆與本部平上去三聲正紐以古音求之則二字皆爲去聲以入聲字於本部無正紐也餘竝倣此學者於此求之於入聲字思過半矣

入聲古所謂急語又所謂短言竝見公羊何氏解詁蓋其字多由平聲矢口而得如登爲得州爲祝之類卽由上去轉者亦然如趣之爲促害之爲曷惡惡度度之類皆以兩字相切而成中閒更無樞紐不經過上去二聲卽可由平得入上去二聲由平聲長言詠歎乃可悉其節族惟入聲則不然又凡平上去三聲皆可相引而長至入聲則戛然而止此其急與短之義也張氏諧聲表祖莊氏寶琛之說謂四聲有正紐有反紐正紐者自平之入反紐者自入之平凡入聲字反紐者爲韵正紐者不爲韵

其說曰如灰之入爲職蒸之入亦爲職恖之入亦爲職皆正紐也莪職發聲呼而平之則職之平爲灰故職不韵蒸與恖也以今音驗之未能盡合且入聲反紐果可自入之平則入聲亦引而長之矣而又何短與急之可言乎張氏又言短言則不成詠歌故必引而長之果如其說則顧氏以入聲通轉三聲亦理之得者矣而於入聲分配之故仍未爲确也凡四聲相配惟平上去可謂之疊韵而入即謂之雙聲蓋平上去三聲之字其形與聲皆相承而下惟入聲字不然故皆形在此而聲在彼者爲其聲皆轉然後得故謂之爲入入者言自乎此而入乎彼者也轉聲之字無常故可以數韵之平而共此一韵入聲之字轉聲之用又無定故以此部之偏旁攙入他部而不爲嫌也凡平上去之偏旁皆有自甲之乙者必爲轉聲以此推之入聲之爲雙聲益信入聲古與三聲通協者少又其偏旁多不相蒙故自來言古音者每於此治絲而棼然以轉聲之例求之則當以聲爲主而形在所後故今於古入

所通用者卽謂爲某韵之入而於偏旁建首之字加一轉字以别之并著其某韵之所在以知其聲之所由來若入聲之偏旁有不與三聲相涉者亦别而出之以爲入聲偏旁所專用之字必古與三聲通協者今乃合之否則别立一部用高郵王氏例也

古韻通說卷一

弟一部冬

平 上說文沖讀若動廣韻以腫韻之湩字爲冬韻之上聲此類上聲只有此二字 去 入

冬分東分江 宋分送分絳 無

詩韻

中宮召南采蘩二章 蟲螽忡降草蟲一章 仲宋忡邶擊鼓二章 冬窮谷風二章 躬中式微二章 中宮鄘桑中一二三章 中宮定之方中一章 中驂秦小戎二章 沖陰豳七月八章 蟲螽忡降仲戎小雅出車五章 中降大雅旱麓二章 融終既醉三章 深宗宗降崇鳧鷖四章 飲宗公劉四章 諶終蕩一章 蟲宮宗臨躬雲漢三章 螟中弘躬召閔六章 蜂蟲周頌小毖

以上平上去聲

古韻通說卷一

經韻附屈韻後仿此○易韻多與東部相襍今俱歸入東部惟屈賦用此韻最爲分明今仍歸之於此

中融春秋左傳隱元年鄭莊公賦○躳中窮終論語堯曰篇○降中窮𢥞九歌雲中君　堂宮中河伯

躳降天問　中窮行九章涉江　忠窮同上

本音說文諧字

冬古𠔀冬从仌从夂

冬聲終古夂張皋文云冬本从亼篆文變古復取冬爲終聲𠔀鼨𦃐䵥

夂聲汷螽或螺𪓊張皋文云二字今皆誤从冬

中古𠁩籀𠁩中从囗上下通也丨音衮

中聲𦬕盅仲衷忠忡沖讀若動

躳或躬錯本躬作俗又曰弓聲

躳聲窮躳省聲宮

竆聲竆　竆省聲竉

宮聲营司馬相如芎弓聲㲉

夅服也从夊干相承

夅聲䉫栙鉉讀若鴻洚絳降

降聲隆隸作隆

隆聲𧯶癃籠㾔

蟲

蟲省聲融籀融按籀文多不省痋赨鉵鉉讀若同

宗

宗聲琮賨崇苗云按崇或作崧即崧高山也新附有嵩系俗字悰淙綜

眔从皿㐺會意

眾聲深霰

宋尻也从宀从木讀若送○鍇本木下有聲字無讀若送張皋文云鍇本誤

彤丹飾也从丹彡彡其飾也○張彥惟云此會意字鍇本有彡亦聲三字誤也張衡思元賦宮彤終爲韻李善云融與彤通故次此

通韻

戎東部韻小雅出車以聲近相通○用韻處已見上不悉注後並仿此○附說文沖讀若動桻讀若鴻鉵讀若同宋讀若送○以上並與東部聲近相通

轉音凡轉音則讀若與本音異如驂當讀若深陰當讀若融是也但知其意者卽不改字亦可餘並仿此

驂陰飲諶臨俱侵部韻宏蒸部韻○以上六字詩韻俱轉入此部侵蒸部中字與此部爲雙聲也凡雙聲之轉矢口而得習俗方言之各異古今音讀之不同未有不由乎此者後凡言雙聲者仿此頻本音在眞部詩韻轉入此部與上六字聲轉畧同堂行俱陽部韻屈賦轉入此部陽部字與此部爲雙聲也○附說文躬船之或體弓聲在蒸部聲轉則入此部猶雄朋字今音皆讀入東部也芎司馬相如营字弓聲說見上因此見漢以前弓字已讀入冬部矣

論曰此部與東鍾江同用自來言古韻者無異辭至段茂堂氏分十七部之時猶未議及也陽湖張臯文氏作諧聲表曲阜孔顨軒氏作詩聲類始別而出之意以唐韻冬爲都宗切東爲德紅切一寬博而平緩一峻上而高亮卽音分韻必有深意存乎其閒三百篇用蒸侵部之字多與此合尠有闌入東鍾江韻者此所以別乎東而自成一部後之談古韻者莫之能易也顧陸韻中分此部之字甚少除冬聲宮聲宗聲外農字尙从東部闌入觀詩之何彼穠矣及蓼蕭濃濃皆韻東部字可見也蓼蕭四章當以沖爲通韻張氏孔氏攷之古經知此部之字斷宜與東部字爲二其識解與段分之脂支三部正同言古韻而不知所由分則亦苟而已矣故於此首發而明之

贊曰太音元始黃鍾之宮蒸侵來會其意愈閎通取象於物牛鳴窌中粤堯禪舜以是代終坤乾之義首是初冬

古韻通說卷二

弟二部 東

平 上 去 入

東鍾 董 送 與侯幽之入聲屋韻互相通轉而不相爲用

分冬 分江 分腫 分講 分宋 分絳

詩韻

僮公 召南采蘩三章 墉訟訟從 行露三章 縫總公 羔羊三章 東公同 小星一章 襛雝 何彼襛矣一章 蓬豵 騶虞二章 戎東同 邶旄丘三章 封東庸 鄘桑中三章 東蓬容 衛伯兮二章 罿庸凶聰 王兔爰三章 控送 鄭大叔于田二章 松龍充童 山有扶蘇二章 丯巷送 丯一章 雙庸庸從 齊南山二章 封東從 唐采苓三章 同功豵公 豳七月四章 同功 七章 東濛 東山一二三四章 濃沖雝同 小雅蓼蕭四章 顒公 六月三章 攻同龐東 車攻一章

調同五章　同從吉日二章　聰饔祈父三章　傭訩節南山六章　誦訩邦十章　從用邛小旻一章　共邛巧言三章　勇尰六章　東空大東二章　雝重無將大車三章　同邦瞻彼洛矣三章　同功賓之初筵一章　逢邦同從采菽四章　公恫邦大雅思齊二章　恭邦共皇矣五章　衝墉七章　樅鏞鐘廱靈臺四章　鐘廱逢公五章　功崇豐文王有聲二章　廱東六章　幪唪生民四章　邦功崧高二章　邦庸三章　同功常武六章　訌共邦召旻二章　公雝邦崇功皇周頌烈文　工公臣工　雝容振鷺　雝公雝　訩功魯頌泮水六章　公東庸閟宮三章　蒙東邦同從功六章　邦從七章　共厖龍勇動竦總商頌長發

經韻

龍用周易上經乾初九　墉攻同人九四　中應中蒙功彖上傳蒙　窮中功需　從中應窮比　通同泰　通邦否　中功坎　動應彖下傳恆　同通睽　中窮功邦蹇　衆中功解　窮終夬　中窮困　窮中功凶井　功邦中窮漸　窮

同中功渙 中窮通節 中邦中孚 中窮既濟 中終應 中窮終象上傳坤

禽窮屯 中終需 凶寵邦功師 功邦同上 中禽中終比 凶正豫

凶功中窮隨 凶中功坎 容公邦離 深中容禽終凶功象下傳恆 窮中

大壯 心窮正終艮 中窮功中窮凶巽 中窮節 凶功繫辭下傳三多凶二句

終窮襍卦傳 ○邦雍尚書堯典協和萬邦二句 ○容恭大戴禮武王踐祚篇帶銘 ○容恭同王禮記曲禮上正

爾容節 降騰同動月令孟春 騰降通冬月令孟冬 從同邦孔子閒居言五起 ○茸公從

春秋左傳僖五年士蔿賦 ○功庸越語范蠡引所聞聖人之功節 ○庸降離騷 從巷 同調並同上 功

同天問 從通 逢從 沈封並同上 江東九章涉江 同容抽思 豐容懷沙 江

洶風悲回 讒從卜居 凶從同上

本音

東 動也从日在木中

東聲棟𢜚隷作重涷凍蝀

重聲𡾋徸踵腫種𢥞湩此字爲冬韵上聲說見前緟動古𨒬鍾重省聲童籀𥪰

童聲蕫衝橦穜㾔籀𤻫罿僮憧潼撞曈鐘或銿䡴童省聲龍

龍聲瓏蘢嚨龔龏籠鸗櫳礱寵襱或𧝓賣聲龐龓瀧𥮗聾龔壠隴

公从八厶厶今借作私八猶背也韓非曰背厶爲公

公聲訟古䛢張皋文云容省聲翁舩松或𡩟伀頌籀額衮

翁聲蓊滃鰪蓊

松聲蜙或蚣

容古㝐大徐从宀谷會意小徐从宀谷聲段云谷古音讀如欲以雙聲諧聲也古文公聲

容聲傛溶䈶搈額鎔

丰艸盛丰也从生上下達也隷作丰

丰聲拜𡘲隸作奉夆邦古㞷蚌

奉聲琫菶唪

夆聲逢鉉夆省聲峯摓

逢聲蓬籀莑熢縫

封古㞷籀𡉚姚云籀文丰聲

封聲葑𦃟

豐豆之豐滿者也从豆象形○按此字六書故引唐本作𡴀聲阮氏元說𡴀字瓦亦主𡴀聲之說段疑說文無𡴀字張彥惟謂六書故多臆改不足據今姑系丰聲之次

豐聲麷讀若馮酆寷

囪或窗古囪在牆曰牖在屋曰囪象形

囪聲悤

囪聲 曾 轉蒸部

悤聲 璁蔥窻蟌或鬆𢉷驄熜聰總鏓

悤聲 繱

聰省聲 茸

茸聲 𩋰搑䤙 茸省聲 髶

農籒𨑃古𦦙辳大小徐本俱作囟聲張皋文云籒謂當从囟聲改字非也此聲自从之部來即合韵之理若依今音或當囟省聲耳

○按顧甯人唐韵正亦云囟聲段茂堂云囟者明也庶人向明而動今系囟聲之次

農聲 𢷮襛𤞷濃醲 農省聲 𥂩 俗膿

同 从冂从口

同聲 迵衕詷䀏筒桐侗駧恫洞鮦挏𢾅銅

工 古𢒄 巧飾也象人有規榘與巫同意

工聲玒訌巩或𢀜手部重出攻琟或鳿釭杠貢邛⿰米工空仜項江扛玒紅虹[illegible][illegible]

从𦥑𦥑竈也功釭

巩聲鞏䂬恐古𢖶蛩𡋲

邛聲⿰木邛

空聲椌涳控

項聲澒

江聲鴻

从相聽也从二人

从聲從

從聲樅瘲豵慫縱⿰虫從鏦或錄　從省聲⿰彳耳縱䡮錯本从車從省俗作蹤段云䡮會意字錯本是

○按䡮以意兼聲今仍从鉉本

邕䈶邕

邕聲雝

雝聲饔甕癰廱灉擁

用

篆作𤰃从卜从中

用聲甬

甬聲[illegible]通踊誦筩桶痛俑涌蛹勈或戚古恿

庸

从用从庚

庸聲鷛鄘傭𧳜鱅墉古𩫖姚云今本古文脫从庸據集韵前會改鏞

収

竦手也篆作𠬞从𠂇从又廣韵引說文居竦切○按此字段謂以

楊雄拜業从収聲求之古音當在侯部張氏亦分入侯部領桊叢諸字

攷此字五經文字其恭反九經字樣音邛許書以竦手爲釋是以疊韵

爲訓明甚収字古音自當入此部桊叢諸字仍當从今音入屋韵此劉

由甫氏所謂東之入聲轉入屋而

不同用者也尚有充竦等字可證

火聲[illegible][illegible]俱轉侯部

共 古[illegible]从廿从𠬞○姚云𠬞亦聲

共聲 鬨供烘恭㤨洪拱拲或𢍏[illegible]𨛜篆巷說文从𨛜从共段姚皆云共亦聲今从之

𨛜 鄰道也闕段云道當作邑許謂闕者其音未聞大徐云胡絳切非有所本特依𨛜字之音爲之耳今姑系於此

竦 从立从束束自申束也小徐本作束亦聲按束聲在侯部段氏張氏皆以此爲會意字姚氏从鍇本列此字束聲下按束以意兼聲乃雙聲爲聲之例又東屋二韵平入互轉之一證也姚氏以此入魚虞部亦谷容禺喁之類未可遽謂爲非是今因別無左證仍存其本音於此

尨 犬之多毛者从犬彡

尨聲 牻哤厖駹浝[illegible]水部土部重出

戎 隸作戎

戎聲 娀

冢 从冃豕

冡聲 蒙幪𩦷醿

蒙聲 矇鸏饛濛蠓

凶 惡也象地穿交陷其中也

凶聲 匈或𦙍

匈聲 詾或訩𧦝洶

兇 从人在凶下○姚云凶亦聲

兇聲 㚇

㚇聲 葼鬷椶稯䈦稅艐讀若莘𥨭堫

充 从儿育省聲○育聲在幽部段張姚嚴竝从育省聲有疑爲从儿育省會意者非也

充聲 統

雙 持一隹曰隻持二隻曰雙又手也

雙省聲 傻

遻籀遻 逄从辵脩省隷作逄

孔 通也从乙从子乙請子之候鳥也乙至而得子嘉美之也古人名嘉字子孔○張彥惟云淮南子原道篇總孔爲韵

舂 从廾持午臨臼上午杵也隷作舂○張彥惟云史記淮南衡山民歌縫舂容爲韵王襃僮約樓蔥封舂重爲韵班固西都賦嵕雍供用頌爲韵

舂聲 惷

弄 張彥惟云王襃甘泉宮頌縱弄貢頌爲韵

弄聲 挵

冢 高墳也从勹豕聲○按豕聲在屋韵段云此合音也古音家必可讀如獨矣

軵 反推車令有所付也从車付讀若茸宋本小徐本茸作胥是後人以形近肊改段氏說文注辨此最詳唐韵而隴切

䰯 所以枝鬲者从爨省唐韵渠容切

𩫖 从亯从自讀若庸

嵩 幬張之象从冂屮其飾也唐韵苦江切

嵩聲 嗀 轉侯部

覍 突前也从見冂○鍇本冂聲按冂讀若艸苺苺今依大徐莫紅亾沃二切亦此

宂 㪚也从宀儿人在屋下無田事也周書曰宮中之宂食唐韵而隴切○按張氏以臼之或文抗䀔皆从宂聲故入宂𣢔二文於幽部然以今音驗之相去太遠疑抗䀔所从者非宂字篆或有誤

宂聲 𣢔

通韵 易書韵通冬者甚夥不備載

沖崇降冬 俱冬部韵聲近相通

轉音

顒 本音在矦部聲轉則入此部陸法言據之入鍾韵陸韵中又有禺喁二字皆非此部之正音也漢書郊祀志黃帝臣鬼臾區藝文志作鬼容區師古曰臾容聲相近蓋一也衡山傳縱臾注臾讀曰勇按卽今慫慂字亦禺聲通轉之證

調 本音在幽部提由切陸韵入蕭者乃周聲之變亦猶

禹聲在魚而音轉入鍾之例也此字疑在成周時已轉聲讀若條故車攻以韵同而離騷七諫效之段云潘岳籍田賦以茅韵農束晳勸農賦以朁韵農韓詩橫由其畮毛詩作橫從毛詩毌聲之毌漢書作巂史記衞青傳大當戶銅離徐廣曰一作稠離汝南鯛陽之鯛見腫韵亦見有韵皆尤部東部關通之義案說文霿从瞀聲瞀从敄聲敄从矛聲而唐韵霿莫弄切開元占經作瀎亦此二部關通之義不外以雙聲互轉也**彊皇**本音皆在陽部聲轉入此部與曲禮必則古昔稱先王二句同例亦屈賦中之堂行與冬部字同協之類○按東部本與陽部爲聲轉今湖南永州人讀宗如臧讀鍾如章尚有古音**王**說見上**應勝**本音在蒸部轉此部與冬部圅字相類**禽深心沈**本音在侵部轉入此部與冬部驂陰等字相類**正**本音在耕部轉入此部與冬部類字聲轉相近耕與眞爲一類也**讓**本音在盥部屆韵轉入此部春秋左傳文二年垂隴公穀作垂斂說文熊本从炎省聲而後人讀近容風本从凡聲而後讀若豐皆此類也○附說文**襩**隴之或體賣聲轉屋入侯部**容**谷聲轉屋入侯部**竦**束聲轉屋入侯部**冢**豕聲轉屋入侯部**殼**肖聲轉屋入侯部**充**育省聲轉屋入幽部**叢豵**廾聲轉屋入幽部○按以上諸字皆平入互轉之理轉入聲則偏旁可以不同部襱之轉襩是也如偏旁同部則必異韵容悚等字是也古入聲無同部同用者於此可發其凡**緣**部縱之或體彖聲在元部以雙聲轉入此部**會**國聲轉蒸部古東蒸二部互通**豐**讀若馮入蒸部此亦東蒸互通之證案馮本从仌得聲當讀若憑讀入東韵者是其轉音然可見漢時已有此兩讀矣**艐**讀若莘入之部按艐从兇聲唐韵子紅切自是正音

今讀若莘者莘與㜽爲雙聲說文以雙聲爲音切非改㜽之音如莘也㜽此與尋常之讀若轉聲者有別而說文類此者頗多今具論之於此囟聲在之部附重收侯部說詳本字下轉說詳彼

論曰東鍾江三韵與冬韵同用較他韵最爲分明偏旁之字亦少出入玆別出冬於三韵者其亦有不得已之苦心焉攷冬韵獨用惟詩騷較然有別易韵則冬東同用意以古人聲韵之文其體嚴而長言詠歎之作抑不嫌少濫歟今於易韵冬部之字仍歸於此而織其旁以識之庶幾學者知所別白竊按陸法言分韵之始蓋以冬鍾二韵爲東韵之陽平江韵又東轉入陽唐之漸故縷爲析之然所分之字又不盡合殆有所難从也至以入聲屋韵分配此部則不爲無見蓋屋韵正爲此部聲轉說文偏旁亦多同部特古人於此部三聲之字不與入聲通協故論者遂謂此部古無入聲而亦不盡然也其他聲轉之字多與東部相同覽者知其所由分卽知

其所由合故詳證之俾言古韵者有以攷焉

贊曰和樂之縱金鐘大鏞廣大清明上與天通䆋而不雝厥聲喤喤通既轉於江遂濫於陽通魚幽之从耕蒸是宗羣音之總物始於東

古韻通説卷三

弟三部 支

平 上 去 入

支 紙 寘 錫

分齊 分佳 分薺 分蟹 分霽 分卦 分陌

詩韻

支觿觿知衛芄蘭一章 提辟揥刺魏葛屨二章 斯知陳墓門一章 枝知檜隰有萇楚一章 粺替召旻五章替應作普○ 斯提小弁一章 伎雌枝知五章 易知祇何人斯六章 篪知斯七章 塵疧無將大車一章○段云一作疷無此字宋劉彝臆改爲疷以韵塵亦無此字 卑疧白華八章 帝易大雅文王六章 帝辟帝辟蕩一章 解位易辟韓奕一章 解帝魯頌閟宮三章 以上平

上去聲

適益讁邶北門二章　翟髢揥皙帝鄘君子偕老二章　簀錫璧衛淇奧三章　甓鷊惕陳防有鵲巢二章　鶪績豳七月三章　局蹐脊蜴小雅正月六章　辟刺大雅皇矣二章　績辟文王有聲五章　益易辟辟板六章　幭厄韓奕二章　刺狄瞻卬五章　辟績辟適解商頌殷武三章

以上入聲

經韻

縊繫睨哀十三年乞糧辭○支壞壞支周語彪傒引詩　危埤晉語醫龢引所聞○蘂纚離騷　離。

知九歌少司命　知蟜九章涉江　解締悲回風　以上平上去聲

益擊周易下經益上九　易適繫辭下傳上下無常四句○晳役春秋左傳襄十七年宋謳○隘績離騷　畫

歷天問　積擊策蹟適慾適蹟益釋同上　軛蹟卜居　以上入聲

本音

支古斋

支聲 芰𦯬䔲𢼌𧿒㩼𢻱或𣀔𩡘枝郊或岐古𦲊𣏴俗𢼊伎𢼍屐頍魃𩫖𩢱

𪊲汥枝妓蚑

枝聲𩣡讀若頍規

巂 巂周燕也从隹屮象其冠也冏聲○案冏在脂部說解言之訥也从口从冏錯本作冏聲訥當以疊韵爲訓大徐女滑切則錯本冏聲是也冏從冏之轉聲與訥韓字同巂又从冏之轉聲故蠵或爲蠵𧕭𧌑穴又或爲蠵舌冏與巂同出冏聲也

巂聲 讗讀若畫 𧤝觿酅𥢶㒞𢟤𢹂嫢讀若隓 纗讀若畫或讀若維 蠵司馬相如作𧕭鑴

知 从口从矢

知聲 𥏼古𥎿姚云知亦聲隸作智

𥏼聲 𪄾讀若𪏭

𥏼省聲 𪇧鼅或𪓡鼄

斯 从斤其聲○其聲在之部

斯聲 𣞀𤻮澌凘

斯省聲 𣂔

古韻通說卷三支 二

易　蜥易蝘蜓守宮也象形祕書說日月爲易象陰陽也一曰从勿

易聲　踢或䞌敡睗鬄剔鉉補賜暘瘍傷裼[髟易]或髢[犭易]惕或悐緆或[麻易]錫

賜聲　[illegible]

剔聲　[髟剔]

氏　巴蜀山名岸脅之㫄箸欲落嶞者曰氏象形乀聲〇乀聲在歇部

氏聲　祇芪𧿹眂疧忯汦扺紙蚔坁軝或[革氏]

厂　抴也象抴引之形余制切〇按說文抴引之厂與右戾之丿形聲俱別身辰延當从厂弟系曳當从丿段茂堂謂系曳㞢當从厂聲攷詩仲氏吹篪與知斯韵如壎如篪與圭攜韵皆此部字易隨上六之係維睽六三之曳掣劓皆脂部字知段說誤也又張譜謂弟當从平丿音曳說文脫丿字亦未可據

厂聲　虒厌厄身部轉眞辰部轉諄延部轉元

虒聲　禠嗁磃讀若池遞[目虒][魚虒]或篪[馬虒][角虒]搋褫讀若池[犬虒][目虒]傂讀若移[氵虒][糸虒][金虒]

厄聲 ⿰女厄

是 从日正

是聲 禔趧⿰舌是徥踶諟鞮睼讀若珥瑱之瑱 ⿱⿰鼠是 箟寔匙褆䟗題騠⿰木是湜提媞緹或祇

堤隄

朿

朿聲 ⿱帝古帝隸作帝 茦⿰朿頁⿱此朿⿰言朿敕刺策責隸作責 涑

帝聲 禘啻讀若鞮 諦締

敕聲 ⿱艸敕

刺聲 莿

責聲 嘖或讀⿰齒責⿰歹責簀積幘磧漬嫧積

啻聲 適謫敵⿰豸啇樀褅滴摘嫡鏑

適聲擿適省聲蹢鷊

迹或蹟籒速迹从辵亦聲○張云自魚部亦聲下轉入朿責皆聲故通入此部段云迹本作速朿聲故音在支部小篆改爲亦聲則當入魚部而非此部之形聲矣李陽冰云李丞相持朿作亦謂此字也今系朿聲之次

狄北狄也从犬亦省聲○張云狄自魚模部入聲下轉入此段云亦聲當作朿李陽冰云蔡中郎以豐同豐李丞相持朿作亦所謂持朿作亦者指迹狄二字言迹籒文作速狄之古文籒文亦必作狹是以詩瞻卬狄與刺韵屈原九章悐與積擊策蹟等韵也从亦則不合

狄聲逖古逷

益

益聲嗌籒蒜齸謚䶢或貖溢按論語八佾漢郊祀歌作八溢說文無佾當即溢字搤縊鐲此字今音古縣切與益聲不合段云鐲釋文舊音圭韓詩吉圭爲饎毛詩作吉鐲鐲乃圭之叚借字也唐詩水搖文鐲動尙讀如桂音轉乃古懸切按此亦猶幵有笄音解有犀音之類

蒜聲齸籒隘

辟

辟聲 璧薜躄避譬䮠臂劈檗糪䑀僻襞廦㱸闢霹闆沙普班切引也會意字 擘璧鷿

劈壁

𨐨从辟从井周書曰我之不𨐨○姚云辟亦聲

解

解聲 薢懈獬蟹或[魚解][阝解]

圭

圭聲 奎哇讀若醫 [走圭]街註卦[厂隹圭]封[耒圭]觟桂邽窐佳崖[厓土]烓讀若冋鍇作冋奎奊恚

洼堊閨挂娃絓畫鼃畦黊

窐聲 漥

恚聲 [女恚]

䪥聲蘳讀若蕢壞

析

析聲晢淅蜥

狊

狊聲鶪或雞郥

鶪聲鷏

𦟀

从𠦬从肉隸作脊

脊聲蹐膌古瘠鰿

卑

姚云說解从甲聲今據韻會刪聲字

卑聲萆鞞𢾩𡱝罷讀若髀古䟆脾箄鼙䭯椑郫稗䵗粺俾裨顊鼙庳遍讀若碑

段云字从頻卑聲易頻復鄰作卑復省上頻同音叚借顰本猈諀顰在支韵不在真韵也諸家作頻省下卑古音遂不可復識矣

捭婢甈蠯或螷埤錍陴籀𩫖

箄聲⿰氵箄

庳聲𢋤

兒

兒聲齯誽敓睨鶂今字作鷁或鷊鳥相如䳲⿰舟兒郳倪⿰兒見⿸尸兒麑霓鯢婗蜺輗或⿰車宜棿

毄相擊中也如車相擊故从殳从軎

毄聲璬毄讀若鬲⿱殸攴虢讀若隔擊檕⿰毄欠⿱毄見⿱毄心墼⿱毄目墼

繫聲⿱毄⿱系系

麗古丽籀丽丽姚云今本古文誤作丽據汗簡五經文字改

麗聲𪋻邐曬或韆⿰麗攴䴡酈曬癧隸讀若儷酈池讀若驪灑鱺纚釃

畫古畫劃

畫聲劃嫿

秝

秝聲厤

厤聲歷曆

歷聲櫪靂瀝

鬲或䰙𤮍古𩰲漢令厤聲

鬲聲翮槅𩰿讀若擊礊搹或扼隔𨢏

糸古𢆯細絲也象束絲之形讀若覛

糸聲[illegible]

彳

彳聲役从殳从彳鉉曰彳亦聲鍇曰會意今从鉉古伇

規 役聲椴 役省聲瘢毈坄 張彥惟云彝差大招佳規爲韵揚雄羽獵賦規帝爲韵 規聲鸝讀若嫣窺闚嫢讀若癸

豸 獸長脊行豸豸然欲有所伺殺形○張彥惟云張衡西京賦佊氏綺豸巤纚爲韵司馬相如上林賦廌氏豕爲韵廌史記作豸則綺巤豕皆合韵豸廌二聲宜在此部 豸聲廌从豸省姚讀豸亦聲今从之○張云廌豸二字古多通用

芈 羊鳴也从羊象聲氣上出與年同意唐韵緜婢切

只 只聲迟齞胑或肢枳樍疻伿咫抧讀若抵掌之抵案抵擠也抵側擊也抵掌作抵誤軹 伿聲[illegible]讀若賢

兮 語所稽也从丂八象气越亏也

分聲盼諧字今刪

𠂢 從反永讀若稗縣

𠂢聲 眽派紪

覛 籀𧢼從𠂢從見〇張彥惟云案糸讀若覛則覛此部聲按張譜中以此聯為同部者甚多今不備載姑存其例於此以待學者之隅反云

⿱兒食 讀若虹蜺之蜺按蜺通作霓霓本有五雞五結二音

隉 蓋从其本音而後人轉為五結切也

醫 說解云殹惡姿也殹之性得酒而使以此字為會意不以為形聲按許書說此字甚曲竊意酒者所以養病也醫當从酉殹聲姚氏聲系亦云殹聲說自可从張氏諧聲譜據哇讀若醫收入此部今姑仍之而存其辨於此

卮 圜器也一名觛所以節飲食象人卪在其下也唐韻章移切

冖 覆也从一下垂兹曰俗作冪按此字諸家皆收耕部意以冥从冖聲知之不知冥蓋取冖之雙聲為聲冖字自以入聲入此部以冟讀若適及鼏之或體宓聲轉責部知之也

冂聲宦讀若適冥部轉耕

聚聲鼏或蜜或體宓聲轉質部

通韵

蠛脂部入聲通入此部疏云禮記作辟則在本韵此借字當讀近密替雌位壞俱脂部韵○以上聲近相通離蠣歌部韵屬賦用入此韵段云老子載營魄抱一能無離乎與兒疵爲雌知韵又常德不離與雌谿兒韵離字入支韵蓋久矣○按歌麻部中字古無不入支齊韵者苗氏說文聲讀表謂歌麻乃西音周人未嘗有之其言甚允今故謂之通韵而不謂轉音○附說文萬肉聲脂部來斯其聲之部來蓷讀若壞癧讀若隸嫛讀若癸三字讀若皆在脂部掜攜之或體尼聲在質部○以上俱聲近相通荎杜林芰字多聲

砤磃之或體也聲髢鬄之或體也聲氏乀聲𨋬輗之或體宜聲嫣讀若陸褫俱讀若池傂移讀若脾罷讀若覼讀若鬻讀若媯○以上十一字偏旁讀若皆在池歌部亦歌麻支齊互通之證說詳上

轉音

翟本音在宵部轉音讀如狄今皆讀轉音無讀本音者亦天保五章弔讀都歷切之類按翟狄古本互通周禮揄狄闕狄字竝爲狄頗疑此字本

音當入此部其入宵部者聲之轉故燿濯等字从之也**局**本音在屋韵爲幽部之入段謂合韵當讀如具今按聲轉當讀如擊張彥惟云此章顧以局厚爲韵孔以高局爲韵江有誥以爲無韵案高不入韵而以局厚爲韵於詩例未合或以高合局而不韵厚或以高合局厚皆未安江以此章第四句始入韵亦未是是或文有誤歟**塵**本音在眞部轉音讀若磯**釋**本音在鐸韵爲魚部之入屈賦轉入此部唐韵賞職切皆从今音讀入昔也○附說文**身**广聲轉眞**辰**广聲轉諄二字皆一聲之轉**延**广聲轉元部案延與广雙聲大雅施于條枚呂覽韓詩外傳新序皆作延于條枚皇矣箋施循易也延也亦通其音義以爲訓詁延音古讀如移也今音以然切漢書地理志卑水縣孟康音斑亦以支部元部雙聲互轉**蟃**司馬相如蟎字按說文兀讀如㒵兀音如月聲轉近權在蠲詳本元部與舊字聲近相轉玉部瓊之或體亦爲璚可以互證鑴字下**逨狱**二字皆亦聲應入魚部段茂堂謂宜从朿其說是也詳本字下**䳺**司馬相如䳺字赤聲在藥鐸部乃魚部之入與此部不合疑亦聲近相轉也**庳**讀若遆在魚部一聲之轉**睼**讀若珥瑱之瑱在眞部按是聲而讀若瑱亦聲近相轉之例尚書寅賓出日釋文寅有夷音春秋左傳哀十一年薛伯夷公作寅亦是類也**烓**讀若冋在耕部唐韵口迥切與圭聲近相轉鍇本作回則爲通韵

論曰自段茂堂氏分支之脂爲三部後之言古韵者莫之異同非不知驗之今而有所不合實稽諸古而有所難从也三部中惟此部見韵者較少

然其偏旁皆與彼二部不相襍而三百篇用韵尤爲分明非其可據者歟至此章入聲諸字其偏旁多自爲部與平上二部絕不相通然攷葛屨二章之提而得辟聲帝聲朿聲諸字又攷何人斯六章之易而得知聲氏聲二字則平入相通之理可見也由甫劉氏以此部入聲諸字與平上偏旁隔閡因別立錫韵爲弟十二部而曰此支韵之入古同用異部蓋劉氏之凡爲入聲者類如此今固有所不从而著其所以爲說之理亦言古韵者所不可不知也

贊曰與歌同類其韵爲支遠別於之近通於齊通毫釐之辨曰在於斯

古韻通說卷四

弟四部 脂

平	上	去	入
脂微齊分佳分灰	尾分薺分紙分蟹分賄	至未霽祭泰怪夬隊廢	術物迄月沒曷末黠鎋薛
		此部去聲字分兩類有一類與平上字韵有一類與入聲字韵其與入聲爲韵之字仍可與平上聲韵○又質部中去聲字亦當併入此說見後	與此部去聲通轉之字韵而不與平上聲之字韵偏旁半與去聲同部半自爲部

詩韵 凡古韵與今讀異者依江氏古韵標準各注音切於先見一字之下後並仿此

萋飛喈 周南葛覃一章 **歸私衣** 三章 **嵬隤罍懷** 卷耳二章 **纍綏** 樛木一章 **枚飢** 召南汝墳

一章　肄棄二章　尾燬燬邇三章　祁歸采蘩三章　薇悲夷草蟲三章　敗憩拜說甘棠
二三章○說文無憩字當作偈　歸殷其雷一二三章　塈謂摽有梅三章　脫帨吠野有死麕三章　微衣
飛邶柏舟五章　飛歸燕燕一二三章　雷懷終風四章　飛懷雄雉一章　厲揭匏有苦葉一章　瀰
鷕二章○鷕釋文引說文以水反今誤入廣韻三十小　菲體死谷風一章　遲違邇畿薺弟二章　潰
肄塈六章　微歸式微一二章　泲禰弟姊泉水二章　舝邁衛害三章　敦都回切　遺摧
北門三章　喈霏歸北風二章　煒美靜女二章　荑美三章　泚瀰鮮想止切○新臺一章　逝害
二子乘舟二章　指弟鄘蝃蝀一章　體禮禮死相鼠三章　紕四畀干旄一章　濟閟載馳三章
頎渠希切　衣妻姨私衛碩人一章　荑脂蠐犀眉二章　遂悸芄蘭一二章　厲帶有狐二章
穗醉王黍離二章　水子懷歸揚之水一二三章　藟弟葛藟一二三章　艾歲采葛三章　懷
畏鄭將仲子一二三章　衣歸丰四章　淒喈夷風雨一章　水弟揚之水一二章　晞衣齊東方未明二
章　崔綏歸歸懷南山一章　唯水敝笱三章　濟濔弟載驅二章　季寐棄魏陟岵二章

弟偕死三章 外泄逝十畝之間二章 逝邁外蹶唐蟋蟀二章 比佽杕杜一二章 衣衣無衣一二章 蕫晞湑躋坻秦蒹葭二章 棣檖醉晨風三章 衣師無衣一二三章 逝邁陳東門之枌三章 遲飢衡門一章 肺晢東門之楊二章 萃誶墓門二章○誶今本譌作訊孔聲在眞部與此不合王逸楚詞注廣韻六至引詩俱作誶是也據改 衣悲歸檜素冠二章 祋芾曹候人一章 𩓿飢四章 舊師下泉三章 火虎委切 衣豳七月一二章 遲祁悲歸二章 火葦三章 歸東山一二三四章 歸悲衣枚一章 畏懷二章 飛歸四章 衣歸悲九罭四章 尾几狼跋一章 騑遲歸悲小雅四牡一章 騑歸二章 韡弟棠棣一章 威懷二章 薇歸采薇一二三章 騤衣腓五章 依霏遲飢悲哀六章 旆瘁出車二章 遲萋喈祁歸夷六章 萋悲萋悲歸杕杜二章 偕近○渠豈切○江云往近王舅毛讀己鄭讀記亦與渠豈切相近 邇四章 鱧旨魚麗二章 旨偕五章 㬎綏南有嘉魚三章 泥弟弟豈蓼蕭三章 晞歸湛露一章 棲騤六月一章 涖率所類切○采芑一二三章 焞○他回一切 雷威四章 佽柴車攻五章 艾晣噦庭燎二章 矢兕醴吉日四章 水隼

古韻通說卷四　脂　二

息止切○沔水一二章顧江云末章章首脫二句　飛躋斯干四章　師氏維毗迷師節南山三章　惠戾

居闕夷違五章　懷載載正月十章　微微哀十月之交一章　威罪雨無正一章　滅戾勦

二章　退遂瘁誶荅。退四章○誶今本譌訊荅當從新序漢書作對　出瘁五章　訿哀違依底小旻

二章　艾敗五章　邁寐小宛四章　嘒淠屆寐小弁四章　威罪巧言一章　靡階六章　萋

斐巷伯一章　頹懷遺谷風二章　嵬萎怨三章　蔚悴蓼莪二章　匕砥矢履視涕大東一章

淒腓歸四月二章　薇桋哀六章　喈湝悲回鼓鍾二章　尸歸遲私楚茨五章　穉火

大田二章　淒祁私穉穧穗利三章○段云漢書說文篇韵俱作淒今作萋誤　茨師瞻彼洛矣一章　䬴艾

鴛鴦三章　摧綏四章　舝逝車舝一章　幾幾三章　旨偕賓之初筵一章　禮至二章　醉醉

醉醉三章　尾豈魚藻二章　淠嘒駟屆采菽二章　維葵膍戾五章　惕瘵邁菀柳二章

厲蠆邁都人士四章　愛謂隰桑四章　外邁白華五章　世世大雅文王二章　妹渭大明五章

拔兌駾喙緜八章　翳栵皇矣二章　拔兌對季三章　濟弟旱麓一章　枚回六章　類

比皇矣四章　旆穟生民四章　惟脂七章　葦履體泥行葦一章　弟爾几二章○此分章依鄭
匱類既醉五章　位塈假樂四章　依濟几依公劉四章　罍歸泂酌二章　溉塈三章　萋喈
卷阿九章　愒泄厲敗大民勞四章　蹶泄板二章　懠毗迷尸屎葵資師五章　壞畏
七章　咨蕩二章至八章　類懟對內三章　疾戾抑一章　寐內四章　騤夷黎哀桑柔二章
資疑維階三章　僾逮六章　隧類對醉悖十二章　推雷遺遺畏摧雲漢三章
郿歸崧高六章　騤喈齊歸烝民八章　回歸常武六章　惠厲瘵疾居瞻卬一章　罪罪二章
鴟階三章　類瘁五章　幾悲六章　飛戾周頌振鷺　秭醴妣禮皆豐年　追綏威
夷有客　濟積秭醴妣禮載芟　飛歸魯頌有駜　茷噦大邁泮水一章　枚回依遲閟宮
一章　大艾歲害五章　違齊遲躋遲祇圍商頌長發三章　以上平上去聲
掇捋周南芣苢二章　蕨惙說召南草蟲二章　伐茇甘棠一章　出卒述邶日月四章　闊說擊鼓
四章　闊活三章　活濊發揭孽朅衛碩人四章　說說氓三章　揭桀伯兮一章　月佸

桀括渴君子于役二章　葛月采葛一章　達闕月鄭子衿三章　月闥闥發齊東方之日二章
桀怛甫田二章　發偈怛檜匪風一章　闊雪說曹蜉蝣三章　發烈褐歲豳七月一章　烈
渴小雅采薇二章　結厲滅威正月八章　烈發害蓼莪五章　律弗卒六章　舌揭大東七章
烈發害四月三章　渴括車舝一章　撮髮說都人士二章　卒沒出漸漸之石二章　葧佗肆
忽拂大雅皇矣八章　月達害生民二章　軷烈歲七章　揭害撥世蕩八章　舌外發烝民三章
奪說瞻卬二章　竭竭害召旻六章　活達桀周頌載芟　撥達達越發烈截商頌長發二章
旆鉞烈曷櫱達截伐桀六章　以上入聲

經韻

大利周易上經坤六二　師尸師六五　視履尾履六三　係維隨上六　胏矢噬嗑九四
稊妻大過九二　死棄離九四　遲遂利下經大壯上六　遂饋家人六二　曳掣應作觢劓睽六三
咨洟萃上六　蔾妻困六三　臲卼困上六　厲貝震六二　沛沬豐九三　次

資旅六二　娣履視娣歸妹初九九二六三　濟尾利未濟　內外義謂象下傳家人　發大
害象上傳坤　外敗需　竄七芮切　掇訟　外大際泰　害敗害哲大有　謂內臨
賁類悖頤　際大歲坎　外害象下傳咸　害大末說咸　位愛謂家人　內
賁蹇　位遲悖解　悖賁鼎　位快逮旅　外大位害渙　契察夬繫辭下傳
上古結繩以下　大廢其道甚大二句　位氣說卦傳天地定位二句　逮悖氣物水火相逮以下　外內
類遲襍卦傳　○廢世大戴禮武王踐祚篇丹書　害大楹銘　死牝本命篇高者爲生四句　○類壞萎
禮記檀弓上孔子歌　綏衰檀弓下成人語　藝說少儀士依於德二句　悖佛學記其施之也悖二句　違遲
悲孔子閒居言五起　○外泄春秋左傳隱公元年鄭武姜歌　罪罪桓十年引周諺　尾幾文十七年引古人言
類異成四年引史佚之志　敲萃匱成九年引詩　水瑰歸懷成十七年子叔嬰齊歌　器罪昭七年楚
僕區之法　淮坻師昭十二年晉侯投壺辭　位疢。哉。律哀十六年孔子誄　尾裔哀十七年繇辭　○懷
歸違哀徽依妃晉語國人改葬共世子按天聖明道本徽作徵韋昭注無有徵者亦以段从今本作徽以合韵非也正當作徵而

古均通說卷四　脂

讀如宮徵之徵此脂蒸兩部通轉之證　蔽察蓺越語范蠡引所聞羸縮以爲常節○衰追論語微子篇接輿歌○慧勢孟子公孫丑篇引齊人言○刈穢離騷　薉折　艾害　幃祇並同上　裔澨逝蓋九歌湘夫人　帶逝際少司命　雷蛇懷歸東君　歸懷河伯　死體天問　害敗　擘說　懷肥　依譏　底雉　會殺並同上　衰鬼九章涉江　汏滯同上　慨邁哀郢　歲逝抽思　濟示懷沙　喟謂愛類同上　懷悲遠遊　至比厲衛　涕弭　妃歌　夷蛇飛徊並同上　以上平上去聲

發綱綱發攷工記弓人爲柎而發四句○撥蹶越禮記曲禮上衣毋撥以下○骨猾捽晉語伐驪戎兆○達适突忽論語微子篇周八士○察歠決孟子盡心篇○枻雪末絕九歌湘君　繼飽蠥達天問　越活同上　汨忽懷沙　發達思美人　以上入聲

本音

乜从反人

匕聲 牝旨古𣅀疕𣬈尼

旨聲 詣⿰革旨⿰旨鳥脂稽耆⿸尸旨⿰言⿱旨貝⿸鹿旨或⿸鹿匕恉鮨指

尼聲 柅秜⿱龹尼泥

耆聲 蓍嗜榰

泥省聲 ⿰兒尼

頁 頭也从百从儿古文䭫首如此唐韵胡結切苗云此古文䭫首䭫字姚氏讀如首非段云頁本與䭫同音康禮切今轉爲胡結切

飛 隸作飛

飛聲 騛

皆

皆聲 瑎喈⿰魚皆諧⿰月皆楷稭漢郊祀志顏注音戛偕⿰馬皆湝⿰糸皆鍇階揩姚云今本脫此字據一切經音義卷二十補

黹古希今本脫古文姚云周禮司服希冕後鄭引書曰希繡又云希或作黹字之誤也是希爲古文黹乃當世所行故鄭以爲誤字許書傳

寫脫去異文今據補从之

黹聲襹

希聲脪郗睎稀俙豨絺

俙省聲莃唏晞欷

稀省聲𧱏讀若綏

社聲𧳄

此

此聲祡古𥛚玼茈呰齜訾眥雌觜鴜骴或𩩲嶲柴貲疵㰣頿䖪𧻚泚𪆁批

𦉈𪗋紫鮆䏁按䏁齋也闕張未得部分今依苗次此

柴省聲𪗉

眉

眉聲 瑂楣郿湄媚

齊 篆作亝禾麥吐穗上平也象形

齊聲 薺嚌躋齍劑霽櫅齌齋或秦穧儕齎齋濟霽擠齎齏 齊省聲 齋䠓鱭

氐 从氏下箸一

氐聲 祗牴呧䍕迡詆䧑籀鴟羝胝柢邸袛覗迣讀若 底厎或砥奃泜抵紙蚳

籀[illegible]古[illegible]郕讀若 坻或汷渚軝阺

氐聲 菧或[illegible]

尾 微也从到毛在尸後

尾聲 犀屘娓讀若媚

犀聲 遲或遅籀遟徲墀

示古𠀚

《古韵通説》卷四 脂 七

示聲祋祟祁視古眎眡狋犬怒也又讀若銀唐韵語其切

柰聲隸篆[illegible]㮈

隸聲[illegible]

𠂤小阜也象形[illegible]曰今俗作堆

𠂤聲歸[illegible]埽追

歸聲巋[illegible]

追聲槌縋

師古[illegible]从帀从𠂤𠂤而四帀繞之衆意也

夷从大从弓

夷聲荑咦侇羠鴺或鵜桋痍洟姨

非

非聲菲輩䠊誹背翡腓餥棐蓖痱俳裴裵扉斐屝騑悲扉排婓匪蠹或蜚

韑

匪聲篚

罪捕魚竹网从网非秦以罪為辠字姚張竝云非聲

厶俗作私

厶聲⿰王厶私

私聲⿱艹私

尸

尸聲吚張云作屎無義苗云各本俱从尸聲詩板釋文釋訓釋文五經文字俱作咿非屎或㞙姚云或體本作祝與賓如桼重出據

玉篇改履古顩

屖遟也从尸辛聲○辛聲在眞部

厗聲謘𥕢、厗省聲庢

利古𥝢从刀从和省

利聲颲讀若栗

𥝢聲黎𪓷、𥝢省聲𥟖今作黎

黎聲藜䵓邌𪐴𥢕鑗

𢼸从人从攴豈省聲、張引莊述祖云豈从𢼸省𢼸又从豈省諧聲之轉注也

𢼸聲微

微聲薇𥳑𧅫𧄞𥳑𩞁贂、微省聲𡸗微徽溦黴

豈聲豈𪘏𣧑剴愷豈部心部重出䭳皚敳讀若豤本作塈鍇覬顗磑闓螘塏鎧

衣

衣聲哀依𡊁扆𡜋㕈

依聲㥋

回古囘

回聲洄

矢古吴姚云今本脫古文據說解偏旁補○按當云𠤕字偏旁

矢聲矣𥏻医雉古𨾊疾古𤵃籀𤶖分質部疑分之部○段云鄭鄉飲酒禮注云疑讀如仡然從於趙盾之仡疑止立自定之皃此卽說文之𠤕字非說文訓惑之疑也𠤕从矢聲其字在脂部故桑柔與資維階韵鄭注禮讀如仡若疑字古音在之部其字从子从止从𠤕省會意非矢聲也按此字大小徐本俱作矢聲今从之而存段說於此

吴聲𠤕

𥏻聲𤩝

医聲殹

雉聲𩁶

殹聲 翳鷖⿸疒殹黳繄緊堅

癶 籀 癸 隸作癸苗云籀文矢聲

癶聲 蔡 隸作葵

癸聲 聧楑鄈⿰亻癸騤湀闋揆戣聧 姚云今本脫此字據廣韵十二齊補

闋聲 ⿰耳闋

口 象口帀之形

口聲 韋 古[illegible]轉諄部 員 轉元部

韋聲 葦𧻓 籀 愇違諱⿰韋攵椲韡圍韙幃偉褘煒䙴湋闈媁緯

圍聲 ⿰衤圍潿

尒 从入从八八象氣之分散

尒聲 爾

爾聲 薾邇古迩鬮籋檷柅讀若 鬗𨈆濔璽壐𤕌壐

壐聲 𤕌或𤕌𢐦𤕌

幾

幾聲 璣嘰譏譏𦡝𧮒𧮒饑機穖僟鐖蟣 幾省聲 鐖

右戾也象右引之形唐韵房密

丿

切又匹蔑切互詳支部厂聲下

丿聲 弟古𠂌系或䜌籀𦃃曳〈少〉部轉宵

弟聲 睇梯鬀涕鮷綈銻娣稊闕張據偏旁補

系聲 係𦂻轉諄部

𦃃省聲 奚

曳聲 𤥏㬐

稊聲 蕛

奚聲徯或蹊謑或[言奊]鞵雞籀鷄膎豯騱鼷谿嫨螇[奚黽]

几

几聲肌飢机[几阝]叽

枝从木从攴

褱从衣眔聲竝曰眔非聲未詳 眔聲在緝部

褱聲懷瀤壞古𡊁籀𣀔籀文攴部重出

隹鳥之短尾總名也象形

隹聲琟萑唯[舌隹]誰睢騅或隼脽椎帷或𠥐催顀魋竝補雇雁碓騅惟淮推婎

維蜼錐陮

唯聲[石唯]鷕雖

隼聲鎨準

雔聲 讎

淮聲 匯

推聲 摧

維聲 濰

奞 从大从隹讀若睢

崔 从山隹 鍇本無崔字屵部崖从屵厓聲鍇曰崖嵬字俗作崔省厂又疑義篇云說文有摧漼等字而無崔字當是崖字之省張彥惟云大徐此文不知何據然亦當隹聲也

崔聲 催漼摧縗

綏 古妥 从糸从妥鍇曰當从爪从安省說文無妥字姚云漢書燕王旦傳曰北州以妥孟康注古綏字也據此及偏旁補張彥惟云姚說是

妥聲 桵

靁 古[illegible]

靁省聲 瓃藟鸓籀鷽櫑或罍𥁎籀䨓儡纍壘勵苗云以上八字今本竝从畾聲據姚說改

藟聲 蘽籀𦾐

纍聲 欙儽漯　纍省聲 讄或讔

壘聲 灅鑸

威 从女从戌張彥惟云鍇本下有聲字按鉉引鍇曰土盛於戌土陰之主也故從戌則鍇本聲字誤多也

威聲 樾

火

火聲 邩

豊 行禮之器也象形讀與禮同

豊聲 禮古礼體澧鱧醴

夗 从夕从卪隸作死

从聲厵

毇从泉从殳

毇省聲毀古毀

毀聲燬擊嫛

𣎵止也从朩盛而一横止之也

𣎵𣎵讀若聲秭資鈰讀若齊速餗柹秭痳覿沛姉𥡴或𪗄𥡴次𣎵皆聲亦見後次聲下張皋文云次𣎵合乃得聲卽反切之始

水

水聲瀠讀若悸

沝二水也闕段云今之壘切者以意爲之

比古𠤒二人爲从反从爲之

《古韵通說卷四 脂　十二

比聲𥙊玭夏書蠙賓聲芘枇秕仳邶庇𣬉隸作毗妣籀𡚱粃坒

𣬉聲[illegible]膍或肶榌貔或豼𢯼媲螕𧖸或蚍

坒聲陛

陛省聲梐陛

米

米聲迷敉讀若弭或侎眯㝥冞或宷各本攴部敹下云宷聲段云誤今从之麋[illegible]或[illegible]姚云今本脫或體據益稷釋文集韵[illegible]分幽部○張彥惟云鍇本無聲字鍇曰今俗十一薺韵會八薺補[illegible]作粥古或借此爲賣鬻字案米本此部聲孫恆武悲切朱翺閫六反孫用米聲也漢以前未有入韵者司馬相如上林賦鬻陸爲韵揚雄幽州箴陸鬻爲韵司空箴鬻復爲韵則皆在幽部故朱閫六反也觀孫切用武悲則唐以前尙有米聲可知矣今故於脂部幽部兩存之

麋聲蘪

二古式

二聲次古𠂕

式聲貳

次聲茨咨諮⿰女咨⿰次攴餈或𩟗粢資佽⿱髟次恣姿絘垐古堲張彥惟云古文垐从即聲此入聲配部之驗按爾雅釋宮栭謂之楶釋文楶作截反又音節舊本及論語禮記皆作節蓋咨即爲一聲之轉亦其證

⿰朿⿱次金亦見前朿聲下

貳聲膩樲𢷹

咨聲楶

資聲賫⿰禾資澬

恣省聲懿

甶鬼頭也象形鉉曰甶音弗

甶聲畀⿱甶畀隸作畢⿱甶分頁部

鬼古䰟人所歸爲鬼从人象鬼頭鬼陰氣賊害从厶

鬼聲瑰餽槐瘣傀或瓌褢顝嵬䰎媿或愧螝讀若潰魁隗

凷或塊或體鬼聲

凷聲屆

畏古㽇隸作畏

畏聲鰃椳瘣姚云今本脫此字據卷耳釋文補猥煨渨鍡隈

𧶠从貝臾聲臾古文蕢隸作貴張彥惟云旣从古文蕢則當作臾相承作臾非

貴聲蕢古臾遺讀韇殨憒饋樻僓穨𩓣憒潰闠聵或聲聧作聵誤匱繢隤

彗或篲古䇝古文習聲在緝部苗云當作習聲習古文友大小徐本俱譌从學習之習非

彗聲嘒或嚖槥彗慧繐鏏䨮隸作雪轉入聲與彗爲雙聲

𨊠或轊車軸耑也从車象形杜林說或體彗聲

四古𠱠籀三

四聲 牭籀犙呬柶駟泗

委从女从禾張皋文云錯本聲字誤多彥惟云案逶之或體爲聲蓋轉歌部聲則委當从禾聲由歌部轉此也

委聲 萎逶或蝺踒諉捼矮餧俗作餒 痿倭覣魏鉉云今人省山以爲魏國之魏 捼緌錗

兕古兕如野牛而青象形與禽离頭同

美

美聲 媄

自古𦣹白自鼻也象鼻形白亦自字也省自者詞言之气从鼻出與口相助也

自聲 詯讀若反目相睞 郋讀若奚 㿰古 臱睂洎垍息心部分之 臬射準的也从木从自李陽冰曰自非聲當从劓省知舊有聲字

白聲 普或㬱替鉉曰俗作替非是或體下竝从曰

臬聲湶

臬聲劓或劓𪖐𤹞闑𪖙或齂䫌聲

市篆韍

肥从肉从卪，鍇本卪聲，鍇曰：疑當从己，或从卪，不得云聲。

肥聲萉或𪎰賁聲蜰

襄古𡨍

襄聲欀𤺊纕

皋

皋聲皞滜

伊古𠑮

伊省聲蛜

繺張彥惟云管子牧民篇㘈貴爲韵

灰

恢 灰聲

厽 絫坺土爲牆壁象形○張彥惟云呂氏春秋恃君覽行論㽬絫爲韵

厽聲 絫 隸作累 垒 姚云厽亦聲今从之

絫聲 [illegible] 姚云今本脫此字據左傳桓六年釋文補

磊 眾石皃从三石○段云古音當在此部是以亦作磥

幵 幵聲在元部又入耕部

幵聲 [illegible] 讀若構手 或 [illegible]

開 古闢 開从門从幵錯本幵聲○張彥惟云案从錯本幵聲則當入耕部然此字漢始見韵淮南子原道下悲開肥揚雄甘泉賦歸棃開諧班固幽通賦微開西都賦階開闔扉俱韵此部惟曲礼扃回開爲韵扃耕部聲然無以定扃之必韵回則此部矣幵象對構上平與開張義合

段云闢从門开聲當讀如攑帷之攑由後人讀同闓而定爲苦哀切按攑闓雙聲互轉亦猶豜本开聲而今人讀古兮切

敦 敦聲在諄部轉入此部讀若堆周禮天官玉敦釋文音對詩有客之敦琢猶言追琢所謂聲隨義轉行葦篇之敦弓猶言雕弓所謂雙聲互轉也

敦聲 驐憝鐓

𠁥 隸作乖張彥惟云楊雄城門校尉箴希依懷乖爲韵班固漢書敘微乖幾爲韵

𠔁 背呂也象脅肋也錯本讀若乖

𦫳 羊角也象形讀若乖

醯

𠨍 事之制也从卩卪闕○段云謂闕其音也今說文去京切篇韵皆云說文音卿此蓋淺人以卿讀讀之卿用𠨍爲義不爲聲玉篇子兮切取𠨍字平聲讀之廣韵子禮切取𠨍上聲讀之蓋必有所受之矣

启 張彥惟云張衡思元賦第啟爲韵第古只作弟

啟 启聲

敂省聲 眘縈眘縈

贙 分別也从虎對争貝讀若回

[illegible] 从覞从雨讀若欷

[illegible] 糞也从艸胃省

卟 从口卜讀與稽同書云卟疑

夊 行遲曳夊夊象人兩脛有所躧也唐韵楚危切○張彥惟云按柢或从水夊先子云夊聲則夊宜在此部

夔 神魖也如龍一足从夊象有角首人面之形○按夊亦聲

夂 从後至也象人兩脛後有致之者讀若黹唐韵陟侈切

㐆 歸也从反身唐韵於機切段云㐆歸疊韵爲訓

厃 从人在厂上唐韵魚毁切

炅見也从火日唐韵古迴切○張彥惟云錯本日聲誤段云此字後人羼入

匸褒徯有所俠藏也从乚上有一覆之讀與徯同

禾禾之曲頭止不能上也唐韵古兮切

虫一名蝮象其臥形唐韵許偉切○按張氏分脂部字止此自希以下皆張譜泰部中字

㣇籒𢑱古𢑲脩豪獸一曰河內名豕也从彑下象毛足讀若弟爾雅作貄豸聲

希聲𨽿籒𨽸篆𦘬篆文今隸譌作肆

棄古弃籒𠦁

旡古𣄬隸作旡

旡聲旣

旡聲㤅古𢟪

既聲蔇嘅㮣墍穊慨漑摡塈

悉聲蝨隸作蚤

夌聲蔆僾

【萬】蟲也从厹象形〇按說文萬蠆今作蠆非二字篆形相近故所从得聲之字亦多互譌今姑从張氏所譜如此又萬蠆二字不惟形近義同且古音必是相近蠇从萬聲讀若賴此可得萬之古讀矣今音無販切乃後人用萬字借義故讀入寒桓韵所謂聲隨義轉也偏旁惟蠇字相从轉入元部今兩存焉

萬聲讟糲今作糲勱讀與厲同蠇讀若賴

蠇聲𧒽蠇省聲邁或邁蠣

蠆或𧑚毒蟲也象形

蠆省聲厲或𠪚按厲當作𠪚𠪚當作厲隸書但取茂密不顧字體之破壞矣

厲聲蠣按當作蠣

未

未聲味眛昧寐沬古頮姚云今本古文脫从廾據顧命釋文改妹[illegible]分之部

味聲[illegible]

制古𠛇从刀从未姚云未亦聲○張彥惟云素問五常正大論殺伐制害爲韵

制聲製

鬽或魅未聲古𩲡籒𩳁

𩳁聲[illegible]

胃从月从圖象形隸作胃

胃聲喟或嘳𣤶姚云今本脫此字玉篇𣤶太息也與喟嘳音義同又耳部聵或作聲知嘳𣤶同字據偏旁補謂渭媦緭

[illegible]胃省聲㣇或蝟張彥惟云俗彙字卽此

𣤶聲[illegible]𣤶省聲[illegible]

位从人立

貝

貝聲遈䟴湏

買 从网貝會意○段云春秋襄十一年莒人弑其君密州左傳作買朱鉏買爲密朱爲州皆音之轉朱鉏者猶邾之言邾婁也

買聲䁍賫隸作賣濵

敗 籀敱

𢷎 楊雄拜古𢷎 張彥惟云鍇本从手𠦪聲案鍇曰𠦪進趨之疾也故拜从之則其本聲字疑誤多

吷

衞 从韋帀从行隸作衞

衞聲䘙衞讆讀若劂𢟍

豕 古𢁫讀與稀同

豕聲家

古籀通說卷四 脂 十七

家聲 遂古遹檖䅵䃛㒸隊

遂聲 旞或旝穟或䆯遂䆲䉌篆隧

隊聲 墜鐆

季 稚省聲姚云今本無稚字據載驗釋文穉又作稚是稚卽穉

季聲 痵悸

帶

帶聲 蔕遰蹛𡒃滯㿃或螮古𢓭 張彥惟云鉉本闕臣次立曰今說文引李舟切韵所載𢓭字如此 蠆

芔 艸之總名也从艸屮隸作卉○按歗讀若卉惠之古文卉聲則卉當入此部蔮奔賁等字當从其轉音故重收諄部

惠古𢡃

惠聲 韢橞潓繐

采 或穗 或穟惠聲按鍇本以穟遂二文皆為采或穟

釆聲寀俗紬轉尤部

乂或刈乂从丿从乀相交

乂聲艾䖈嬖忿

刈省聲忍讀若顡○按李陽冰言从刀聲者誤今从之舠

艾聲餀

豪豕怒毛豎一曰殘艾也从豕辛姚云今本誤從辛據五經文字改○按唐韵魚旣切忍从刈省聲而讀若顡聵之或體亦爲聭則豪當入此部

豪聲毅顡

顡聲䕭

外古夘

對或對對或从士漢文帝以爲責對而爲言多非誠對故去其口以从士也　隸作對

對聲懟譈轛

古韻通說卷四　脂　十六

朮 隸作市 市聲 犻迹一讀若袷又若郅袷錯作袷 肺柹郝旆犻讀若字 㳈䤈抪沛䬮

隶 隶聲 逮𩣡讀若迆 隸棣隸或𩯂張云隸俗作肆 逮隸

隸聲隸

戾 从犬出戶下 戾聲 㑦綟

㷉 从𡰥又持火隸作尉 尉聲 蔚罻䬑𧕋𧕋姚云今本脫此字據釋蟲釋文補

頪 頪聲 類纇

頪聲禷

復或衲古退或體內聲

彑豕之頭象其銳而上見也讀若罽

彑聲彝古彝[illegible]

彝聲[illegible]

彖豕也从彑从豕讀若弛與元部之彖別今隸偏旁作彖相混

彖聲喙𢖻讀若[illegible]蠡古蠡

蠡聲欚鱺

會古㣛

會聲襘薈噲讀若快䯤膾劊檜鄶旝䅴禬廥[illegible]黵澮嬒繪

竄

器

摯握持也从手从執隸作摯

⿱執至忿戾也从至至而復遜遜遁也周書曰有夏之民叨⿱執至⿱執至讀若摯○張彥惟云今作叨懫叚借字

筮古簭姚云今本脱正篆據偏旁補又據巫部定簭為古文今从之

筮聲噬澨

鼻从自畀○姚云畀亦聲張彥惟云司馬相如大人賦厲濞逝為韵楊雄蜀都賦折碣濞為韵

鼻聲濞

巜讀若儈同鍇曰今作澮○張彥惟云説文無儈字或闕或是澮之誤

盭从弦省从盩讀若戾

繼

繼省聲檵

⿰⿱卜貝又 从𣦼从貝讀若概○張彥惟云楊雄反離騷𩔈頪爲韵司馬相如上林賦洌溉盩瀨沛爲韵史記溉作瀣說文無瀣字蓋卽𩔈也故次此

𣦼聲 𧸖 𧸖

毳 从三毛

贅 从敖貝

砅 或濿 或體厲聲

鬭 讀若費

𦃝 古𦃝 𢂼屬从二𢂼 𦃝 虞書曰𦃝類于上帝今作肆

祟 籀𥜽 祟从示从出𥜽日出又聲

祟又聲 𣪊 讀若贅 䳮

𣀔讀若虞書𣀔三苗之𣀔 𣹪讀若蚤 聲𣀔𣀔段云二𣀔皆當作竄 祟毳 祟

𥨍省聲 款或款 按款大徐从欠𥨍省疑小徐本是大徐誤以今音款爲苦管切而刪去聲字也釋文訟卦音義竄本有七

亂七外二切款从𣪊省得聲殆用𣪊之轉爲七亂切耳故不知轉音者不可與言古音

兌从儿㕣聲〇㕣聲在元部自此至最共十九字皆去聲偏旁可轉入聲

兌聲 說脫稅敓餟梲痥祱駾涚挩娧鋭籀劂

說省聲 鶂閱

稅省聲 蛻 訥會

劂聲 ⿱艹劂 讀若芮 罽

罽聲 瀱 ⿰糸罽

孛 从米从子

孛聲 誖 或悖籀 ⿱孛言 ⿱孛鳥 郣 勃

[illegible]聲 [illegible]

叏 隸作夬

夬聲玦眏鴂契觖袂駃[illegible]快决抉蚗鈌

抉聲𥧳

決省聲缺趹肤鈌臾疦妜餶

丯

艸蔡也象艸生之散亂也讀若介

丯聲㓞夆害䰂轉蒸部　張彥惟云姚據六書故引唐本補丯爲古文丯聲謂䰂从其聲然䰂文不作丯六書故多臆改字不足據也

隸寫作䖔

㓞聲齧䂓俗作掔契挈絜栔姚云㓞闕張彥惟據㤩字說解補姚云素亦聲㤩閒瘈瘛皆从契瘛字當从鉉說爲

契省聲今从張

害聲㤬割豁搳犗轄害省聲憲轉元部

契聲鍥䳗楔𨛖讀若薊窫偰顜鍥

㤩聲瘛鉉云說文無㤩字當从契省聲今不从

瘞省聲瘞

内从冂自外而入也

芮内聲汭笍㕯竝从口从内訥納肭軜

蜹芮聲

魶納聲

矞㕯聲竝从㕯矞古充[illegible]分支部

噊矞聲鐍遹譎鷸或𨗦橘䆷驈憰潏繘古䌌籥縎蟠酳

匃气也逯安說亡人為匃

曷匃聲駒

葛曷聲喝𥉷遏謁羯鶡堨餲楬暍穇褐歇獦碣古譖猲蝎愒渴闒揭偈

讀若瘞葬蝎堨鶡姚云今本脫此字據文選卷八注補

葛聲譪郒擖

楬聲藒錯本缺楬字藒作藒从楬聲

渴聲藹㵣

卋三十年爲一世从卅而曳長之亦取其聲也隸作世卅聲在緝部

世聲呭迣讀若寘按許書無寘字齛跇詍貰泄抴紲或緤枼轉緝部

貰聲勩

祭从示从手持肉

祭聲蔡䁐郤穄察瘵𢅩際祭省聲詧

气雲气也象形○張彥惟云隸以氣當气遂變气作乞偏旁亦多變从乞

气聲氣或槩餼芞吃䒗齕訖刉讀若塏䖈𦥦杚秔仡钦頎忔汔紇圪釳

氣聲愾鎎

䥊或𩜡 姚云今本脫或體廣韵十三祭䥊𩜡同據此及偏旁補 隸作埶

䥊聲 槸或𣜮䕭藝 讀若至 蓺(埶)分質部 暬 苗云今大小徐俱篆从執非詩本音暬御亦作暬非

蓺聲 熱

㡀 敗衣也从巾象衣敗之形

㡀聲 敝

敝聲 蔽蹩瞥鷩鼈幣獘或斃潎撆嫳彆 姚云今本脫此字據釆菽釋文疏補 鼈鐅

大 籒介

大聲 羍或𦍒杕汏泰古夳戾釱軑忕 姚云今本脫此字據湯釋文四月疏左傳桓十三年疏補

羍聲 達或达 达或曰迭抶 達迭雙聲

達聲 撻古𨔣

葢 苫也从艸盇聲 盇聲在緝部 按盇鍇本大聲鉉曰大象覆葢之形於義爲長今歸盇聲入緝部而以葢系於大聲之次

帥或帨姚云韵會引

帥聲[illegible]或膟[illegible]

率張彥惟云崔駰太尉箴率尉爲韵

率聲[illegible]讀若欬䢦𧗿[illegible]

介張彥惟云管子度地篇界敗爲韵司馬相如子虛賦盼外芥類崪爲韵

介聲玠芥齘[illegible]疥价衸界馻[illegible]讀若蓋尬[illegible]忦[illegible]扴妎界

魝从刀从魚讀若鍥　張彥惟云按鍥此部聲又鄭讀若薊鍇曰今諸書多作薊字知魝聲當在此部不从[illegible]讀結入質部也

魝聲薊

薊聲[illegible]讀若墍結之結

耒手耕曲木也从木推丯　垂作耒

耒聲[illegible]誄[illegible]頛讀若春秋陳夏齧之齧

最

最聲撮

戌从戌一聲一聲在質部○自此以下至禹其二十一建首字皆入聲偏旁可轉去聲者

戌聲歲

歲聲薉噦譢翽劌鱥薉讀若詩施罟戉戉濊

薉聲濊

末

末聲眜餘韎沫張彥惟云宋玉高唐賦籟會氣爲韵司馬相如上林賦戾獺沛爲韵

剌

剌聲瓎楋賴瘌𠜾

賴聲籟獺瀨鱑嬾攋苗云葢㓑字之譌篇韵皆無此字

卒隸作卒

卒聲萃啐䶪踤誶翠𣨛粹窣顇崒碎猝焠悴淬捽𤬪醉姚云卒亦聲䘹姚云今本脫此

字據藝文類聚卷卌八初學記卷十三補

萃省聲綷姚云說解綷省聲今本無綷字顏師古漢書司馬相如傳注綷合也子虛賦萃蔡班婕妤賦作綷縩是綷卽萃

翠聲濢

叕綴聯也象形篆作𠬢

叕聲啜輟鵽腏剟餟棳𦅙罬或輟車部重出歠或吷惙掇娺讀若唾毲綴

窡聲[illegible]

𣂺籒𣂺篆折从斤斷艸譚長說

𣂺聲䵳

折聲哲或悊古嚞或體亦心部重出逝誓晢哲𧗪浙娎[illegible]

癶 从𣥂止讀若撥隸偏旁作癶

癹 从癶从殳姚云癶亦聲

癹聲 發

發聲 𦪙橃癈廢撥鏺蹳 姚云今本脫此字據鍇本韵會七曷補

歺 古𣦵 从半冎讀櫱岸之櫱○鉉曰義不應有中一秦刻石文有之

歺聲 𣦻 讀若殘轉元部 歺省聲 𡿪

𡿪聲 𠛱 隸作列

列聲 茢迾䶛 讀若剌 栵𣚺例裂鴷烈洌蛚颲𠛱 姚云今本脫此字據大東疏補

伐

伐聲 茷

兀 高而上平也从一在人上讀若夐○張彥惟云元从兀聲姚以九經字樣六書故皆言从一兀聲謂有聲字是今攷髡从兀聲而或从元軏从

元聲而經典相承作軏是元兀古必一音姚說是也惟脂部不得有入聲兀今讀入然說文則曰讀若㒵詩曾不容刀字書作舠舠讀若兀意者兀古音本非入後人讀如𨥁極也自兀讀入錯遂不得元聲之旨而欲刪去聲字矣○按張氏之說似是而實未安兀聲自在此部有𢓜从兀聲𩮜讀若𢓜可以互證又䟎之或體𨀕亦从兀聲元與兀自是以雙聲爲聲兀古讀如月正與元爲聲轉張氾姚說謂元兀古必一音是以致誤兀之讀若㒵亦是轉聲㒵从㒵爲意兼聲㒵音近㨖在此部而瓊之或體璚𤩪皆在此部尤可證也今从苗氏次兀聲於此而㒵仍从其轉聲入元部許又不明言㒵聲也

兀聲 扤𢓜阮元轉元部 髡元或髨或體元聲轉元部

出

出聲 茁咄䖥𪘏詘或䛖柮朏窋疷屈隸作屈 欪讀若卉 𪗜貀炪黜泏聉讀若孽 拙

絀蚰

屈聲 𧃍𪃽𠜾𡾍𡼐掘堀隸作窟 屈省聲 堀

𤺄或𣤒

欮聲厥闕

厥聲蕨蟩蹶或𨇮鷢𩪘𦨣橜鱖撅蟨劂

弗从丿从乀从韋省

弗聲茀咈𨂃費刜柫曊佛髴艴𢐗炥𢏟讀若子違汝弼怫拂紼沸

費聲𣞣

茀聲𨭬

沸聲𪆉

犮从犬而曳之

犮聲祓茇跋鼥𩑶䮂讀若撥柭帗讀若撥𢾾袚髮或𩬊古𩓡魃废炦沷鮁拔妭

坺軷

𣎵木本从氏大於末讀若厥鍇作𣎵云古文厥

𠯑省聲 昏古昏隸偏旁作舌

昏聲 祮萿适𪘂話籀譮鴰髺刮栝秮佸頢髻活或潛聒括姡䓘

活聲 闊

㗉聲 懖古𨰵

亅 鉤逆者謂之亅 象形 讀若橜

乚 从反亅 讀若捕鳥罬 鍇本作讀若簸

乚聲 戉

戉聲 鉞越𧾷戉眓讀若詩曰施罛濊濊 泧讀若椒樧之樧 娍絨鉞詩曰鑾聲鉞鉞○鉉曰今俗作鐵以鉞作斧戉之戉 非是

𥝞或朮

朮聲 莍述籀𨔼術訹𤸫讀若欸 怵沭颭鉥

述聲[illegible]

杀鉉曰說文無杀字相傳云音察未知所出按殺字下云从殳杀聲鍇云杀从人朮聲今从張補附朮聲之末

杀聲殺古[illegible][illegible][illegible]籀[illegible]按古書殺弑通用

殺聲榝[illegible]鎩

卨古[illegible]卨蟲也从内象形讀與偰同

卨聲竊从穴从米卨廿皆聲廿古文疾卨古文偰○張皋文云卨廿合聲按亦見質部廿聲下

卨省聲[illegible]

[illegible]聲[illegible]讀若[illegible]讀若[illegible]

聿从聿一聲一聲在質部○自此以下至罰共三十二建首字皆入聲偏旁

聿聲律[illegible]轉眞部俗作燼

律聲葎

筆 从聿从竹○張彥惟云揚雄解嘲舌筆詘爲韵

寽 从𠬪一聲一聲在質部

寽聲 捋脟桴捋蛶埒鋝酹

烕 从火戌

烕聲 滅搣

屮

屮聲 𡴀 讀若臬䥴作槷 蚩 讀若騁 妻 古 𡛷 按妻从屮聲亦雙聲爲聲之類又轉平聲與部中上去二聲字韵不與入聲字韵

〔𩲡〕部入緝 〔叀〕部轉元

𡴀辛聲 辥

𡴀聲 𩍖 讀若騁蠆

妻聲 婁郪齌悽淒霋緀

辥聲 嶭 钀 孽 櫱 辥 蠥 孼

𣡌或櫱古𣎵栓 𣡌从木獻聲　獻聲在元部　栓从全聲　全古文𡴭

𣡌省钀鍇本獻聲唐聲钀韻五葛切

突 从犬在穴中

𠯑 語相呵歫也从口歫辛　辛惡聲也讀若櫱

𣥄 从反止讀若撻

舌 从口从干　干亦聲　干聲在元部

舌聲 舌 絬 論語曰絬衣長 栝 舕 銛 讀若棪　桑欽讀若鐮　自栝以下三字重見談部聒聲下

㕞 拭也从又持巾在尸下

㕞省聲 刷

𥄎 从攴从目讀若撻

首 从卝从目讀若末

首聲 莧 讀與蔑同 莧轉元部

蔑 勞目無精也从首人勞則蔑然从戍

蔑聲 礣 𪄳 襪 韈 蠛 懱 瀎

蔑省聲 𪓰

韈聲 韤 或 𥝢

骨

骨聲 䯉 鶻 歠 顝 魁讀若 搰 滑 榾 縎

㫚 籒 㫚 出气詞也从曰象气出形春秋傳曰鄭太子㫚○張彥惟云隸變作曶與㫚本从日勿聲字無別㫚曰今左傳作忽○㫚一曰佩也象形鉉以爲此古笏字笏乃後人所加

㫚聲 榾 䍃 㴯 苗云今本誤从曶乃隸變㫚

𦃇

桀聲傑

叓从又在回下讀若沬

叓聲璦顥漫

月

月聲跀或䟢刖明抈

粵亏也从案亏周書曰粵三日丁亥○按今書作越

鬱張彥惟云司馬相如子虛賦鬱崪爲韻王褒洞簫賦鬱律謠折爲韻

鬱省聲鬱

勿古旃州里所建旗象其柄有三斿雜帛幅半異所以趣民故遽稱勿勿○按漢書郊祀志昒爽卽昧爽也此未物聲轉之證

勿聲芴物䀛昒或歾昒忽吻或脗

忽聲𩗓

眢聲洦

衇或脈籒䘑从𠂢从血○張彥惟云素問脈要精微論脈察爲韵

脈聲霢

乀左戾也从反丿讀與弗同

乀聲心讀若輟

𢧵从戈雀聲隸作截雀聲在宵部

𢧵聲巀[illegible]鐵巀[illegible]鑯

弼或彌古𢐀𢏳从弜西聲○按西聲在侵部西之古文西云讀若三年導服之導一曰竹上皮讀若沾一曰讀若誓弼字从此謂弼字从此讀若誓之西字得聲也弼中从西西乃西之省文徐鍇謂西舌也非聲非是張氏彥惟辨之是也而西弼字皆未得部分以弼入西聲下不知西唐韵他念切乃自來相傳之音與西之讀導讀沾在侵鹽部者皆合[illegible][illegible][illegible]弼本从西之一音不應牽入西聲下今故以弼从西之誓聲誓从折聲入此部而西入侵部庶乎襟而不越之義○案此與古文𢐀从弗聲及𢏳下讀若子違汝弼俱合

絕 古𢇍

蕝 絕聲　脃 絕省聲

[illegible] 𢇍聲

𠫓 或㐬 从到子易曰突如其來如

奪 从又从奞

罰 从刀从詈○張彥惟云素問四氣調神大論殺奪罰爲韵

乙 或鳦 元鳥也齊魯謂之乙取其鳴自呼○段云本音烏拔切作於筆切者非是

乙聲 札 穵 乾

[illegible] 臥驚也一曰小兒號[illegible]一曰河內相評也从㝱省从言唐韵火滑切

劣 弱也从力少

㸚 二爻也○張彥惟云大徐力几切玉篇力爾切古此部今从之廣韵力紙切則支部矣

通韵

積支部韵子疑異疢哉弭之部韵疑段云當作叕則在此部結質部韵疾本音在此部入質部韵義蛇歌歌部韵說詳支部通韵離下○以上俱聲近相通○附說文疑吴聲分之部[illegible]未聲分之部息自聲分之部僪冏聲分支部疾矢聲分質部熱埶聲分質部聿由聲分質部戌聿寽皆一聲自質部來敉讀若弭入之部詯讀若反目相睞入之部𠩺讀若栗入質部蘮讀若鬈結之結入質部𧖅𥁕之或體宓聲在質部堲垐之古文即聲在質部諆誒之或體其聲在支部蟡逶之或體爲聲在歌部娺讀若唾在歌部彖讀若弛在歌部○以上俱聲近相通

轉音

焞本音在諄部轉入此部讀若推漢書韋元成傳引道作推推彼借字以合韵此轉音以合韵也頎本音在諄部轉入此部說詳下近本音在諄部轉入此部讀若忌諄部中斤聲軍聲字陸法言多收入微韵然在周時已有此音故庭燎之煇旂與晨韵當轉煇旂之本音以韵晨而碩人之頎杕杜之近又當讀如轉音不可執古一字只有一音之說而泥之也許書中娸讀若近中庸壹戎衣鄭讀衣爲殷亦此類○按焞頎近等字張氏皆兩部重出今爲歸入本音一部惟敦有从之得聲者萬之借爲千萬徽但爲入聲之轉與开卉二字特兩部互見焉非敢混轉音以作本音實

因乎古音之自然而巳後並仿此**鮮**本音在元部轉入此部讀若徙顧曰漢書匈奴傳黃金犀毗一師古曰犀毗胡帶之鉤也亦曰鮮卑亦謂師比總一物也語有輕重爾雅疏引魏時西卑獻千里馬西卑即鮮卑也詩有兕斯首箋云斯白也今俗語斯白之字作鮮齊魯之間聲近斯尚書大傳西方者何鮮方也白虎通洗者鮮也西本音仙今讀犀鮮本音犀今讀仙洗本音銑今讀先禮反三字互誤按鮮說文羴省聲或文羶亶聲本音應在元部詩韵讀若徙他處讀若犀讀若斯者皆其轉音顧引尚書大傳釋畜疏皆鮮讀若仙之證此段茂堂譏其不辨爲合韵者也今仍歸鮮聲於元部而以在此部者爲轉音蓋从許說**怨**本音在元部詩谷風怨與嵬萎韵當讀如畏與焞頫等字聲轉略同**怛**本音在元部轉此部入聲當讀若鐃**飽**本音在幽部補苟切轉音當讀如敫亦裴有其音舊有忌音之類不必以爲遠而疑之矣**苔**本音在緇部說詳詩韵○附說文**[illegible]**又讀若銀轉諄部**敳**讀若豤鍇本作墾轉諄部**員**口聲轉諄部**𪎰**萉之或體賁聲轉諄部高誘注淮南說林萉讀左傳有蜚不爲災之蜚是其證○以上六字皆一聲之轉亦焞頫之類**憲**丰聲轉元部**莧**首聲轉元部**由**中聲轉元部**肙**口聲轉元部○以上四字亦一聲之轉**兀**讀若夐轉元部說詳本字下**元**兀聲轉元部**髡**髡之或體元聲轉元部說俱詳兀聲下按春秋左傳文元年楚世子商臣弒其君頵頵公穀作髡頑在諄部與元最近是髡字本有元音也**兌**分聲元部來按兌於分聲絕遠故鉉等疑其非聲不知古無說字兌有說訓即有說音兌與說爲雙聲不得疑爲非聲也**櫱**獻聲元部來去與入爲雙聲也或𣞤古栓皆本部聲**舌**干聲元部來按古讀

舌當如劃桀與于為雙聲故轉入聲入此部 銽 讀若悏桑欽讀若纖俱轉談部按此字實干字之轉音今音干字尚有兩讀其讀若肝則在元部讀若兼則轉談部舌音如桀正談部之入聲唐韵栝他念切銛以枏切此二字皆轉談部今存其本音於此 奴 歺聲轉元部亦平入互通之證 鬍 丯聲轉蒸部鬍丯為一聲之轉 冥 冂聲轉耕部冂與興雙聲也 開 鍇本幵聲在元部詳本字下 璸 夏書玭字賓聲轉真部為一聲之轉 肆 聿聲轉真部以去入互轉也 犀 辛聲在真部 峀 讀若駷 韡 讀若駷壘駷聲在青部壘聲在真部 脣 吻之或體昏聲轉先部 進 讀若寘在真部○以上皆與此部為一聲之轉真青先三部聲相近吻之轉从昏聲又今音吻隱同用之證惟泄之讀若寘當讀寘如今音轉真聲入此 褒 宩聲轉幽部褒宩為一聲之轉 [illegible] 帀聲緝部來 枼 世聲轉緝部 疌 中聲轉緝部 褱 眔聲緝部來 [illegible] 壞之古文眔聲緝部來 蓋 盇聲緝部來 迣 讀若袷又若郅鍇本袷作袷入緝部○按此部去入聲字多與緝部通轉疌中盇蓋遝隶軜內籋爾之類是也段氏玉裁說 褐 讀若瘞菲在緝部與此部相去絕遠苗氏引觀禮瘞天注謂瘞當从來聲然無確據存以俟攷○按此當如軜內籋爾之類亦以緝部入聲轉此部去聲也 弻 西聲在侵部說說本字下 習 彗之古文習聲在緝部說詳本字下 疢 讀若欸按欸从炎聲在覃部讀若怱與今音合怱聲亦在此部而於炎聲偏旁不可通存以俟攷 截 雀聲宵部來雀截正一聲之轉 [illegible] 米聲分幽部說詳本字下 少 丿聲轉宵部說詳宵部本字下 縣 系聲轉諄部求之雙聲疊韵不可通疑古今音讀不同 幵 幵聲在元部轉音讀如雃[illegible]羿等字从之故竝

分一聲入此說詳元部轉音下敦敦聲在諄部轉音讀如對皺懟鐜三字从之故竝分敦聲入此卉重收諄部說詳本字下萬重收元部說詳本字下

論曰此部與支部相似而實不同者三無入聲之韻一也偏旁多與諄元通轉二也去聲字有一類與平上字韻有一類與入聲通轉卽與入聲字韻三也張氏分爲二部於示利比二次貴畏四自等字皆以爲脂部之去聲隸既惠類等字別分爲第十一部而與術物等韻入聲通協其合隸既等字於入聲則是也其分隸既等字於脂部則非也攷易韵張氏所分未部去聲字皆與脂部之利聲貴聲曳聲埶聲字通押無別而詩谷風之隸墍與潰協大田之穗與利協皇矣之類與比協既醉之類與匱協轉而相之此二部去聲字皆可同用而劉申甫氏主張氏之說亦曰脂之去入聲在未古同聲異用皆過於拘也韵有無入聲者未有平上去三聲可闕一聲者則詳音論弟二則張氏云未部無平

上此言竊所未安然因此欲合術物等韵之入聲於脂部則又不然蓋此數部之入聲皆自脂部之兌聲孛聲夬聲聿聲等去聲字而轉與部中平上字絕不相通卽與它去聲字亦絕不相通固宜自爲一部特牽涉兌聲孛聲等偏旁去聲字而此等欲專爲脂部之去聲既嫌所轉入聲字非脂部所得統屬欲歸術物等韵入聲而自成一部又嫌與脂部平上去三聲同用之理隔閡故其難也今細研經韵博綜眾說以先後畧分此部之去聲字爲兩類既仰承平上聲而通爲一部復俯注術物等之入聲而別爲一門而術物等韵之入聲仍與此部三聲同聲而異用去聲如兌聲孛聲以下諸字論其爲去聲則與部中之平上通用論其轉入聲復與術物等入聲字同協譬如水然部中平上聲字其同源也去聲則分流矣入聲字又去聲之支流也其分也有所以分之故其分而不得不合也仍不掩其分之迹

覽者有以識焉

贊曰脂之所統微齊皆灰自平上去如往復回爰及兌字自分一類承上起入分流別派通離合之閒益亦多術嗜學之士於此深察

古韻通說卷五

弟五部 質

平 上 去部中至壹等字皆脂部去聲又入偏旁如躓饐等字可轉去聲者皆與脂部同用 入 質黠屑

詩韻按噎大徐本於計切秋杜四章當以來疚至通爲一韻蓼莪三章亦以至字與上矣恥久恃爲韻而恆俱不入韻竊疑此部中無去聲字也

實室周南桃夭二章 結襭芣苢三章 七吉召南摽有梅一章 曀曀大徐於計切 寐嚏邶終風三章〇从毛作疐 葛節日旄丘一章 日室栗漆瑟鄘定之方中一章 日疾衛伯兮三章 實噎王黍離三章 室穴日大車三章 栗室即鄭東門之墠二章 日室室即齊東方之日一章 漆栗瑟 日室唐山有樞三章 七吉無衣一章 日室葛生五章 漆栗瑟耋秦車鄰二章 穴慄黃鳥一二

三章　韠結一檜素冠三章　實室陳有萇楚三章　七一一結曹鳲鳩一章　子室豳鴟鴞一章

實室東山二章　垤室窒至三章　弔質小雅天保五章　實日杕杜一章　至恤四章　徹

逸十月之交八章　血疾室雨無正七章　恤至蓼莪三章　珌室瞻彼洛矣二章　設逸賓之初筵一章

抑怭秩三章　實吉結都人士三章　瓞漆穴室大雅緜一章　淢匹文王有聲三章　栗

室生民五章　抑秩匹假樂三章　密即公劉六章　毖恤熱桑柔五章　挃栗櫛室周頌良耜

經韻

血穴周易上經需六四　實疾即下經鼎九二　實血歸妹上六　吉失象上傳需　吉失訟

吉失比　吉失室小畜　吉失隨　失節象下傳家人　實節蹇　實節鼎　吉

節未濟○節日九歌東君　抑替九章懷沙　匹程○同上　一逸遠遊

本音

質以物相贅从貝从斦闕　鍇本斦聲　斦說解二斤也从二斤　鍇本作二斤也闕按斦既莫能定其聲質又爲入聲字當從其轉音而非从其

正音今仍以所字附諄部斤聲下○按質亦有致音則入脂部諄部斤聲字與脂部通轉謂質从所聲亦非無義但未審所定从斤聲否耳

質聲[⿰口質]躓礩姚云今本在新附據御覽卷一百八十八移此

一古弌

一聲[⿰爿一]聿孛戌俱分脂部

吉从士口

吉聲結鮚詰桔佶祮欯頡硈黠[⿱吉儿]讀若子𡔛隸作壹○張皋文云天地壹壺壺从凶壹从吉皆會意壹當言

吉亦聲鮚拮姞結蛣劼鍇本或曰非力刀也讀若覃○按或說誤

頡聲纈或擷

壹聲噎[⿰馬壹]殪古𡔛饐曀豷撎[⿰土壹]

八別也象分別相背之形

八聲𠔁𥫔讀若頻一曰讀若非𦘒穴馱汃今隸作幽四

佾聲屑肸錯本

穴聲鴥欻貁泬紋

屑聲齒屑讀若切榍

悉古恖

悉聲𥻗㥍讀若屑

壼

壼聲嚍

徹古徹从彳从攴从育錯本育聲誤

徹聲轍

設从言从殳

設聲蔎

刖隸作刖亦云兆古文刖

豑从豈从弟虞書曰平豑東作

血从皿一象血形

血聲盍侐恤洫

桼木汁可以髤物象形桼如水滴而下

桼聲鶔𠞞𨛏𠨍漆

𠨍聲𣜬

日古𡆠

日聲衵馹涅[illegible]

㮚古𠧪隸作栗

栗聲瑮𢹉溧

實

卪

卪聲 卹卽

卽聲 節擳

節聲 櫛

叩 俗抑 按俗當作抑篆文如是今隸从手从卬益誤

畢 甶聲在脂部隸作畢按漢書律歷志畢入於戌故畢與戌同部

畢聲 𧽤𢾛篳韠𣝗𤺌熚滭彃縪𨡢

逸 从辵兔

閉 闔門也从門才所以歫門也○張彥惟云素問調經論閉疾爲韵呂氏春秋審分覽君守閉密爲韵

必 从入弋弋亦聲緖本弋聲○弋聲在之部

必聲 祕珌苾馝眑腍虙盜飶柲邲宓佖毖覕䩭駜泌鮅閟瑟古[illegible]

𥁑聲 謐[illegible]

宓聲 密

瑟聲 璱

密聲 蔤

陟古[illegible]

陟聲 騭讀若郅

七

七聲 叱七切 齔鉉本齔不言七聲張皋文云男八歲而齔女七歲而齔無从七義〇案今讀初堇切正與七爲雙聲

乙

乙聲 肊或臆鍇本曰尼失

曰聲 昳汨昗

尼聲 呢[illegible][illegible][illegible]

失聲 苵迭跌詄眣鴩胅秩瓞或㼤帙或袠佚䰡镻䭿泆抶昳紩軼

昗聲 顯讀若昧

孑 無右臂也从了乚象形○按春秋左傳莊四年授師孑焉注孑戟也孑戟以雙聲通借

孓 無左臂也从了丿象形○段引廣雅孑孓蜎也郭璞云井中小蛣蟩赤蟲也唐韵居月切

睊 从目省讀若易勿卹之卹

疾 古𤕫 籒𤶖 疾病也从疒矢聲○矢聲在脂部

疾聲 㑵或嫉

廿 二十并也古文省○案童寯注益云廿古文疾姚以爲卽此文

廿聲 竊 从穴从米禼廿皆聲廿古文疾禼古文偰○亦見脂部禼聲下

⿰立彔見鬼鬽皃从立从彔彔籀文鬽字讀若虙羲氏之虙○張彥惟云鍇本作⿰立彔有彔聲二字非是

至古𡉀鳥飛从高下至地也从一一猶地也象形

至聲臺咥𪗋胵桎郅窒耋鍇本庢挃姪絰蛭垤銍致姚張竝云至亦聲臸唐韻人質切

致聲㨖緻鉉補[illegible]

臸聲⿺辶臸

室實也从宀从至至所止也鍇本至聲

戜利也一曰剔也从戈呈聲○呈聲在耕部唐韻徒結切按春秋左傳哀二年戰于鐵公作栗又作秩栗秩皆在此部故戜聲宜次此

戜聲臷讀若詩戜戜大猷

臷聲𢧵讀若詩威儀秩秩驖鐵或鐡古銕

通韻

寐葛熱脂部韻子之部韻淢之部韻韓詩作築城伊洫則在本韻按或聲洫聲古本互通閾之或體爲𨵍而䅿又讀若溝洫之洫

說文諧聲譜卷五 質 五

可以互證○附說文聿兮戌一聲分脂部必弋聲之部來疾矢聲脂部來畀由聲脂部來顋讀若昧入脂部臆肊之或體意聲在之部胇䏽之或體弗聲在脂部銕鐵之古文夷聲在脂部○以上俱聲近相通

轉音

弔本音在宵部聲轉讀如的與質近程本音在耕部聲轉讀如秩○附說文𠔁八聲讀若頒入諄部頒八雙聲與叭从八聲今字作豳讀府巾切正同一讀若非入脂部則平入互轉兼通韻也按漢書律歷志別於分以下村於寸四句皆以同音之字爲釋則分與別疑亦雙聲脂部與諄部通韻也

論曰此亦脂部之支流其去聲字皆從脂部中來如賓筵至與禮韻載馳閟與濟韻懷沙替與抑韻熱从埶聲埶在脂部顋讀若昧昧在脂部肊或作臆意聲在之部與脂部去聲爲近又脂部墊讀若摯今書段借作恎懫皆此部去聲字與脂部同用之證固應歸入脂部攷詩中寔字至字皆轉與入聲字韻而所轉之入聲與術物等韻復有不同葛熱皆術物韻中字又術物韻中如颲讀若栗鷅讀若結坴之古文𡍰皆質部音特術物韻中字聲稍侈此部中字聲稍斂是其微別而佗入聲字亦不與術物韻中字同用故宜自成一部耳此伯申王氏彥惟張氏申

甫劉氏俱分質爲一部是也然諸家皆未得入爲轉聲之說遂欲併部中去聲字亦俱轉爲入聲而爲此部領韵獨用則過矣要而論之此部中去聲字益與術物韵中之兒字等相似皆爲上承平上下開入聲之漸分入脂部則與平上字韵（如至禮閟濟替之類）歸入此部遂與入聲字韵今因入聲字臺連入此而箸其分合之由所以明古無去聲領部之說而入爲轉聲其所轉之聲復有畔不越如此也

贊曰質之爲音自脂而至轉而之入遂歸於一葛熱之類術物斯即弇侈之閒同堂異室

古韵通説卷六

弟六部之

平　上　去　入

之咍　止海　志代　職德

分支　分脂　分旨　分盤　分怪　分隊　分屋　分陌

分尤　分賄　分宥

詩韵

采友羽己切○周南關雎四章○此分章从鄭　否補芙切古只此一音　毋滿彼切○葛覃三章　采苢有羽己切○芣苢一章　苢苢二章三章同　趾子麟之趾一章　沚事召南采蘩一章　子止止草蟲一二三章

梅士摽有梅一二三章　子哉殷其雷一二三章　汜以以悔江有汜一章　矣李子何彼襛矣二章

裏已邶綠衣一章　絲治訧于其切○三章　霾來來思終風二章　思來雄雉二章　子否

否友匏有苦葉四章　沚以谷風三章　久舉里切　以旄丘二章　尾子耳四章　淇思姬謀謨悲

切○泉水一章　異貽靜女三章　齒止止俟鄘相鼠二章　丘祛其切　懷尤于其切○鄘載馳三章○此分
章从朱　尤思之四章　蚩絲絲謀淇丘期媒期衛氓一章　婦寐遂知思五章　思
哉六章　淇思之竹竿一章　右羽己切　毋竹竿二章○段云唐石經遠兄弟父母今本誤爲遠父母兄弟則非韵矣
背痗伯兮四章　李玖舉里切○木瓜三章　期哉塒來思王君子于役一章　涘毋毋有葛藟二章
李子子玖丘中有麻三章　子里杞母鄭將仲子一章　懷畏一二三章　洧士褰裳二章　晦
巳子喜風雨三章　佩思來子衿二章　畝本作畮滿彼切　母齊南山三章　鋂偲盧令三章　哉其
之之思魏園有桃一二章　子巳止魏陟岵一章　屺母二章　食唐有杕之杜一二章　期之秦小
戎二章　采巳涘右沚蒹葭三章　有止終南一二章　梅裘渠之切　哉一章　氏之渭陽一二
章　思佩二章　鯉子陳衡門三章　巳矣墓門一章　梅絲絲騏曹鳲鳩二章○騏說文作綦分貽部
由聲下　耜趾子畝喜豳七月一章　貍裘四章　止杞母小雅四牡四章　騏絲謀皇皇者華
三章　疚居至切　來采薇三章　杞母杕杜三章　來疚四章　鯉有魚麗三章　有時六章　來

又（夷至切○南有嘉魚四章）臺萊基期（南山有臺一章）杞李子母子已（三章）載喜右（彤弓二章）沚喜（菁菁者莪二章）里子（六月二章）喜祉久友鯉矣友（六章）芑畝試（采芑一章）止試（三章）有俟友右子（吉日三章）海止友母（沔水一章）士止（祈父二章）來期思（白駒三章）仕子已殆仕（節南山四章）士宰史氏（十月之交四章）時謀萊矣（五章）里痗（八章）仕殆使子使友（雨無正六章）止否膴謀（小旻五章）克富（方未切）又（小宛二章）采負（扶以切）似（三章）梓止母裏在（小弁三章）祉已（巧言二章）箕謀（巷伯二章）已子詩子之（七章）矣恥久恃（蓼莪三章）來疚（大東二章）子來子服子裘子試（四章）梅尤（四月四章）紀仕有（六章）杞子事母（北山一章）備戒位止起（楚茨五章）理畝（信南山一章）畝耔薿止士（甫田一章）止子畝喜右否畝有敏（母鄙切）○（三章）戒事耜畝（大田一章）止子畝喜（四章）矣止（瞻彼洛矣一二三章）右有有似（裳裳者華四章）子子（頍弁一二章）期時來（二章）友喜（車舝一章）能（奴怡切轉去聲則奴代切）仇又時（賓之初筵二章）呶僛郵○（于其切）（四章）否

史恥謂怠五章　識又同上　子子采菽三四五章　牛魚其切　哉黍苗二章　食誨載緜蠻一二
三章　時右大雅文王一章　已子子士二章　止子四章　涘止子大明四章　膴飴謀龜緜三
時兹章　止右理畝事四章　母婦扶以切○思齊一章　造士五章　悔祉子皇矣四章
芑仕謀子文王有聲八章　祀子敏止稷生民一章　祀子二章　字翼三章　秠芑秠
畝芑負祀六章　時祀悔八章　時子既醉五章　士士子八章　紀友士子假樂四章
里有公劉六章　饎子母泂酌一章　止士使子卷阿七章　式止晦蕩五章　時舊巨己切○
七章　友子抑六章　李子八章、　絲基九章　否事耳子十章　子止悔十二章　里
喜能忌桑柔十章　紀宰氏右止里雲漢七章　事式崧高二章　子里韓奕四章　理海江漢
三章　子似祉四章　子已六章　士師常武一章　誨寺瞻卬三章　倍事四章　富忌五章
茂止召旻四章　富時疚茲五章　里里舊七章　牛右周頌我將　鮪鯉祀福潛
祀子雝　祉母同上　止哉艾訪落　之之思哉士茲子止敬之　以婦士耜畝

載芟 耜畝（良耜） 紑（不侍其切） 俅基牛鼒（絲衣） 駓騏伾期才（魯頌駉二章） 始有子（有駜）

三章 子耳（閟宫三章） 熾富背試（五章○此篇分章从朱） 喜母士有祉齒（八章） 有殆子

商頌玄鳥 里止海（同上） 子止（長發七章） 以上平上去聲

得服側（周南關雎三章） 革緎食（召南羔羊二章） 側息（殷其雷二章） 側特忒（鄘柏舟二章） 麥

北弋（桑中二章） 麥極（載馳四章） 極德（衛氓四章） 側服（有狐三章） 麥國國食（王[丘]中有麻二章）

飾力直（鄭羔裘二章） 食息（狡童二章） 克得得極（齊南山四章） 棘服（魏葛屨一章） 棘

食國極（園有桃二章） 輻側直穡億特食（伐檀二章） 麥德國國直（碩鼠二章） 翼棘稷

食極（唐鴇羽二章） 棘域息（葛生二章） 棘息息特（秦黃鳥一章） 翼服息（曹蜉蝣二章） 翼

服（候人二章） 棘忒忒國（鳲鳩三章） 穋麥（豳七月六章） 克得（伐柯一章） 福食德（小雅天保五章）

翼服戒棘（采薇五章） 牧來載棘（出車一章） 棘德（湛露三章） 飭服急國（六月一章） 則

服（二章） 翼服服國（三章） 翼奭服革（采芑二章） 蓄特富異（我行其野三章） 翼棘革（斯干

四章　特克則得力正月七章　輻載意九章　食食十月之交二章　德國雨無正一章　蜮得極側何人斯八章　食北巷伯六章　德極蓼莪四章　載息大東三章　來服四章　息國北山四章　息直福小明五章　茨棘稷翼億食祀侑夷至切福楚茨一章　祀食福式稷敕極億四章　翼彧穡食信南山三章　螣賊大田二章　祀黑稷祀福四章　翼福鴛鴦二章　棘極國青蠅二章　福德賓之初筵四章　息暱極菀柳一章　翼德白華七章　側極緜蠻三章　翼國大雅文王三章　億服四章　德福七章　翼福國大明三章　直載翼緜五章　載備祀福旱麓四章　式入思齊四章　德配皇矣二章　德色革則七章　亟來囿夷至切伏靈臺二章　式則下武三章　德服四章　北服文王有聲六章　匐嶷食生民四章　背翼福行葦八章○此分章从鄭　德福既醉一章　子德假樂一章　福億二章　翼德翼則卷阿五章　息國極慝德民勞三章　克服德力蕩二章　國德德側四章　告則抑二章　賊則八章

國忒德棘十二章　穡食桑柔六章　賊國力七章　極背克力十五章　德直國

崧高八章 則德 烝民一章 德則色翼式力 二章 棘極 江漢三章 德國 六章 戒國 常武一章 翼克國 五章 塞來 六章 忒背極慝倍識事織 瞻卬四章 稷極 周頌思文 德則 魯頌泮水四章 德服馘 五章 稷福穋麥國穡 閟宮一章 忒稷 三章 國福 商頌殷武四章 翼極 五章 以上入聲

經韵

否否喜 周易上經否上九 災牛災 无妄六三 頤頤 頤初九 來思 下經咸九四 福母 晉六二 晦地 明夷上六○此韵諸家皆不數說詳歌部通韵裼下 趾否子 鼎初六 期時 歸妹九四 〔巳〕思 渙六四 治事始 象上傳蠱 道巳始 象下傳恆 子婦 家人 志富載疑 象下傳小畜 志備祐 大有 疑尤喜 賁六 災尤載用 剝 志富災之試災 无妄 災尤志喜 大畜 災志僃事否志疑 象下傳遯 待尤之 蹇 志志疑喜祐志 損 事來之志之志辭來 益 志喜疑事志富 升 之志 革 之尤 鼎 災志事用 豐

災尤旅　疑治巽　疑志兌　儆疑時來久既濟　來能謀能繫辭下傳象事知器

已下　事試治災治文言傳乾　起止始襍卦傳　時災來怠　久止並同上　○喜起

熙尚書皋陶謨帝舜歌　○時來之士冠禮醮辭　備字士冠禮字辭　事嗣士昏禮醮子命　○時財能

大戴禮公冠篇祝雍祝成王冠辭　時財時武王踐祚篇觴銘　理釐里始保傳篇易曰正其本以下　負趾

否曾子制言上篇行則爲人負三句　疑士五帝德篇其色郁郁四句　○思辭哉禮記曲禮上首節　褒貧學記

○段云列子云古詩言良工之子必先爲箕良冶之子必先爲裘知韵語也　始釐里經解引易　起海子孔子閒居言五

起○友右春秋左傳閔二年卜辭　姬旗乓僖十五年晉嫁伯姬筮辭　子止二十五年衛禮至銘　每謀

二十八年晉與人誦　思來宣二年宋城者謳　褒駒子使襄四年魯人誦　誨殖嗣三十一年鄭輿人誦

世怠昭三年讒鼎銘　謀志哉十二年鄉人言南蒯將叛　杞子鄙恥已士十二年南蒯鄉人歌　穜謀

之哀五年萊人歌　○闠里周語富辰引人言　疑基晉語叔詹引諺　怠來災之越語范蠡引所聞　紀

止范蠡引所聞贏縮以爲常節　起始范蠡對越王人事不起弗爲之始　○巳殆論語微子篇楚狂接輿歌　賫宮

堯曰篇○基時孟子公孫丑篇引齊人言○能佩離騷　在茝　畝芷　茝悔　時態　茲詞　悔醢　佩詒在理　之之　異佩　疑之　媒疑　茲沫　待期並同上　來思九歌湘君　辭旗少司司　貍旗思來山鬼　汜里天問　子在　在里趾在止　謀之　止殆　止子　牛來　子婦　尤之期之　市姒側佑識喜　戒殆　佑喜並同上　朓之九章惜誦　志咍　恃代志態　尤之同上　以醢涉江　持之哀郢　時巳之同上　期志抽思　思媒同上　晉鄙改懷沙　怪態朵有同上　眙詒思美人　·詒志　之皆期　佩異態竢出　能疑並同上詩疑娭治之否欺思之尤之惜往日　牛之　之疑辭之　佩妬代意置備異再識並同上　志喜橘頌　·友理　恃止並同上　紀止右期悲回風　怪來遠游　疑浮同上　意事卜居　以上平上去聲

子克周易上經大有九三　纆棘得坎上六　翼食下經明夷初九　食來祀困九二　食惻福

古韻通說卷六之　五

井九三革塞食鼎九三忒服象上傳豫忒服觀革息得革象下傳革福則震
昃食息豐克則直克得象上傳同人牧得服則服得國謙得德則蠱
食則得意息國則象下傳明夷得直福困惻福井福則震得戒同上
塞極節革得極則文言傳乾食色伏飭襍卦傳○極極福極極德極尚書洪範
五皇極以下色德福極而康而色以下側直極極無反無側以下食國忒臣之有作福一節○
服德福儀禮士冠禮始加緇布冠祝辭服德福再加皮弁祝辭服德三加爵弁祝辭○食福攷工記梓人祭
侯辭極國則㮚氏量銘○司職大戴禮哀公問五義篇若天之司二句、直黑曾子制言上篇蓬生麻中四句
服德武王踐祚篇劍銘直得子張問入官篇枉而直之二句祿或服德福極公冠篇孝昭冠辭○段云或作
或誤○職極服則禮記禮運篇禮行於郊以下得翼國孔子閒居言五起○置置德服晉語公子縶引
所聞稷殖叔詹引諺服國鄭語宣王時童謠德力食極越語范蠡對越王王其且馳騁弋獵節○食
息慝孟子梁惠王篇今也不然節來直翼得德滕文篇引放勳言○福極德直力服急息德

壽忒食告則慝職鞠（爾雅釋訓禳禳福也以下）○服則（離騷）息服　節服　極服　極

翼（並同上）　極息側（九歌湘君）　極識（天問）　得殛　億極　極得　側佑（二句一韵）

惑服　牧國（並同上）　服直（九章惜誦）　極得（哀郢）　北域側得息（抽思）　默鞠抑（懷沙）

戒得（惜往日）　服國（橘頌）　默得（悲回風）　得則（遠游）　息德（同上）　食翼（卜居）　以

上入聲

本音

㞢（出也象艸過屮枝葉益大有所之一者地也　隸作之）

（屮聲）之寺蚩欸臺畫志（鉉補　隸作志　張皋文云小徐疑義篇云說文有誌無志亦脫誤臣鍇據詩序在心爲志發言爲詩當云从心之聲○案當从心从之之亦聲）

（寺聲）特峙待詩（古）詚邿時（古）旹痔侍庤恃洔持跱

（臺聲）嬯

蚩聲　歎㴝嗤　今本無姚氏聲系嚴氏聲類俱補此字今从之

特省聲　㭙

待聲　偫

時聲　時塒

等　齊簡也从竹从寺寺官曹之等平也唐韵多肎切嚴氏謂寺亦聲姚氏謂何晏景福殿賦等在諧寺聲是也　張云逸周書周祝解等改爲韵

○按繫辭上以行其典禮音義典禮京作等禮等典雙聲是漢時等字已讀如今音

肎　古肎　从肉从冎省　段云陸德明引說文字林皆口乃反唐韵苦等切按肎等二字古音同在之部海韵轉入蒸部乃拼等韵也

才

才聲　[illegible][illegible]豺材財鼒俗鎡豺𢦏隸偏旁作戈　扗隸作在　[illegible]隸作存轉諄部

𢦏聲　哉戴籒𢍴[illegible]姚云今本脫此字據四月旱麓疏補　胾栽[illegible]裁烖或灾古𤆎籒災[illegible][illegible]

酨

扗聲莊

釆 釆聲菜[illegible]

久 久聲玖讀若芑羑[illegible]灸[illegible]柩[illegible]匶

某古槑

某聲禖謀古[illegible][illegible]腜楳謀若侮媒

士从十从一事也數始於一終於十从一孔子曰推一合十爲士

仕从人从士鍇本士聲張皋文云鍇曰會意而其本士聲誤

仕聲[illegible]楊雄胏

里从田从土鍇本有一曰士聲也五字苗作士聲云皋陶作士卽大里也

里聲 理 荲讀若釐 鋰讀若小兒孩 野 俚 裏 貍 悝 𩣡

貍聲 薶 霾

牛

止 下基也象艸木出有址故以止爲足

止聲 祉 徙或𨑨 㞒 齒古𠚒 企古𠍋 沚 阯或址

徙聲 蓰 縰

啻 快也从言从中 唐韵於力切

啻聲 薏 檍 意籀意 張云今皆誤从意遂使檍與檍無別

意聲 億安也

意 从心从音 張云錯本音聲誤通論云心音爲意 案心音爲意理不可通音與意爲雙聲云从音聲自可春秋左傳昭三十一年季孫意如公作隱如隱在元部今音與音爲近亦與意爲雙聲也史記項王喑噁班書作意烏取聲相近

意聲噫檍澺

戒

戒聲祴誡械悈

又手也象形三指者手之列多畧不過三也

又口部又聲右部重出有疚尤𠷎諆也从口𠷎又聲𠷎古文疇　張皋文云𠷎又皆聲成孫案如䅘䆄例也重見幽部𠷎聲下今皆讀从𠷎聲並轉又聲如今讀不復有之部音矣

右聲祐

有聲𦈢𥁃或𥁎讀若灰一曰若賄　囿籀𡇒賄郁宥痏洧鮪姷或侑絠蛕[illegible]珛讀若

畜牧之畜

尤聲訧肬籀黕頄或疣忧沋

𥁎聲醢籀𧖴鉉本从酉𥁎

圖聲𠧪

𠬛古𦫵䎘隸作友

史

史聲吏吏聲駛讀若迅使

玆黑也从二玄隸作兹

兹聲嗞鷀慈滋孳籀𦉭

皕二百也讀若祕

皕聲奭讀若郝古奭蠢錯本讀若憘張云憘當即憙字

箕古𠀠𢍁囟籀𠀠𠥱苗云姚氏謂亓亦聲經典作箕其嚴氏謂𢍁囟二字當删張皋文云說文闕其字此籀文箕省也偏旁从之作其

祺其聲古禥䄫𧨥諆綦旗期古㫷稘欺䫏騏麒惎淇䱷娸錯本或曰讀若近基斯

分支部巽

欺聲僛

甾古𠚋東楚名缶曰甾象形隸偏旁作甾

甾聲𢍁春秋傳曰晉人或以廣隊楚人𢍁之杜林以爲騏驎字錯曰甾音甾今左傳𢍁作惎○按大小徐本篆从甾而錯言甾音菑張皋文據其弁伊騏釋文云騏說文作璂謂𢍁聲當从其聲入之部且云杜林以爲騏驎字則𢍁聲轉之部之驗也今从段說入此

𢍁聲[糸畀]或綦

綦聲[王綦]或璂綦

丌下基也薦物之丌象形讀箕同錯於[illegible]云丌古其字今系其聲之亥

丌聲[辶丌]讀與記同

喜古歖古文欠部重出

喜聲 禧譆暿憙饎或[illegible]糦僖熹

𠤕 矢聲在脂部隸作疑

疑聲 薿㘈譺癡儗嶷礙擬

來 周所受瑞麥來麰一來二縫象芒朿之形天所來也故爲行來之來

來聲 𡉑萊𦺉古厥睞賚棶覙騋淶勑㯕讀又若銀

㯕聲 慭𤑕

負 从人守貝

負聲 𧵣漢書甘露二年行幸𧵣陽宮注李斐曰𧵣音倍

宰

宰聲 𡩇滓𥈞 宰省聲 梓籀𣓀

佩

北 菲也从二人相背 按虞書分北三苗陸音如字又音佩以去入互轉也

北聲 背邶𧙡

裘 古求 張臯文云凡从求聲字皆宜在幽部唯此字在此部成孫案用爲衣裘則在此部借爲求索則入幽部不得作合韵者求聲字皆韵幽部裘雖曰求聲求實古文裘也 案彥惟此語甚了了蓋裘古祗作求所以象皮衣之形後人借爲求索義乃始於求加衣專爲衣裘字用而求遂轉聲如仇專爲求索字用矣段注此字形聲皆未是

葡 从用苟省

葡聲 犕糒備古俻備或𤺊

異 从𠬞从畀

異聲 冀禩讀若敕 冀𤺺廙讀若枲 潩𩕳𥠚翼㔴

冀聲 驥

冀聲 𩟗瀷 張云姚據六書故以瀷爲潩之或文然潩云水出河南密縣大隗山南入潁瀷云水出河南密縣東入潁古今水道遷涇

莫定安知其非二水六書故不足據也

囟或脖古凷

囟聲　佡恖隸作思　⿰氵囟⿰糸囟隸作細　〔里〕轉元部　〔農〕轉東部

思聲　諰颸偲緦古⿱囟糸

不　鳥飛上翔不下來也从一一猶天也象形

不聲　丕芣否口部不部丕出　肧吥⿰不頁紑坏

丕聲　邳秠伾駓魾

否聲　䛘桮䅗⿷匚否痞讀若鄙　⿱罒否⿱髟否娝讀若竹皮　〔否或⿰否欠〕隸偏旁作音重收侯部　否省聲　咅

咅聲　倍瞻卬四章每句一韵自來言古韵者皆不數倍事二韵殊誤　掊䌌培陪醅錯讀若焚

耳

耳聲　珥䰨或餌佴恥⿰女耳弭或⿰弓兒刵姚氏謂耳亦聲今从之

弭聲麛㥝沔讀若渳

𦣝篆頤籀𩠐𦣝頤也象形

𦣝聲𤥑𦣝讀若貽茝𥫄宧獄洍姬

婦从女持帚灑埽也

母

母聲每隸作每莓䳇拇坶

每聲誨敏䋣脢梅或楳晦䀲悔海娒晦或𣢾鋂䋣轉元部侮古㑄轉侯部

絲

絲省聲茲

己古𢀳

己聲芑記改杞邔屺忌諅妃攺紀圯或醀配

忌聲跽記

配聲嶏讀若費

子古𢀇籀𢀈

子聲芓孜李古杍秄仔字

巳

巳聲祀古禩起古迡攺汜巸古戺圯

巸聲熙㜯

㠯隸作以

㠯聲苢㠯隸作台𠂈矣隸作矣枱或梩佀能隸作能㕣隸作允轉元部

台聲齝詒貽始胎笞飴籀䬯枲或鈶籀辝部臬籀𨾴鍇本辭省聲案當作辝省籀文辝聲

駘佁讀若騃枲怡怠治冶鮐始瓵紿蛤

一

矣聲唉誒𤞞或徯俟欸騃竢或[illegible]涘挨娭埃

能聲䏻

隶聲𨽿

怠聲𥲀

治聲菭

辤籀辝籀文台聲

態或㑷从心从能苗云正篆或體皆能聲今系能聲之次

龜古𪚦舊也外骨內肉者也从它龜頭與它頭同天地之性廣肩無雄龜鼈之類以它爲雄象足甲尾之形　段云龜古讀如基音轉如鳩

龜舊以疊韵爲訓

龜聲䦉讀若三合繩糾

丌古亓

正聲 邛

舊 或鵂 鴟舊舊留也从萑臼聲或从鳥休聲案臼聲休聲俱在幽部 張皋文云自休聲皆幽部字此新舊字段借正入此部舊留字仍宜入彼部成孫案此非減牒之比正可以例朋裒然既不必合又不可分故重出焉 案萬字亦與此相類

而 頰毛也象毛之形 此字段入之部張入矦部今从段按國策能字多作而益古讀而如疑與能字同聲通用今讀能入蒸登部是其轉音也此字當入之部

而聲 荋胹栭耏或耐 𦓝恧洏鮞䎟耎轉元部 需轉矦部

畗 滿也从高省象高厚之形讀若伏 隸作畐

畐聲 副 籀 䮠富福蔔楅偪䘠幅匐愊蝠揊輻　畐省聲 复分幽部 隸作复

稫省聲 [illegible] 籀 [illegible]

富聲 [illegible]

弋

弋聲弋雉式杙貣代忒妷酨必分質部

式聲試弒侙軾

代聲貸岱⿱代心

貣聲蟘詩曰去其螟蟘　案今借螣字螣與蟘為一聲之轉

郵从邑垂

匿从匸若聲讀若羊騶箠　張云朱詳疑有誤若聲自魚部轉入此

匿聲暱或昵

革古𠦱獸皮治去其毛革更之象古文革之形古文革从三十三十年為一世而道更也臼聲　按臼聲在幽部

革聲諽讀若戒⿰革羽

息从心从自自亦聲自聲在脂部

息聲⿰木息鄎瘜熄

𡫳窒也从㠭从火窒宀中㠭猶齊也　隸偏旁作寒

𡫳聲塞

塞聲簺　塞省聲賽

亼从入一象三合之形讀若集

亼聲食一米也从皀亼聲或說亼皀也鍇本無聲字有讀若粒三字張皋文云有聲字是从亼皀與或說同矣

食聲飾讀若式飾飭讀若敕

飤从大食唐韻祥吏切段云此俗字宜删許書只用食字

夌

畟

畟聲稷稷古䄎

則从刀从貝

則聲荊側廁惻測鰂或鯽賊今誤从戎塱

棘小棗叢生者从竝朿 棘聲棘𣗥

嗇从來从㐭 鍇本有一曰棘省聲五字今系棘聲之次

嗇聲薔穡歗濇轖

克古亭㐅

克聲剋

伏

伏聲絥或茯鞴

㝵

㝵聲得古㝵 鉉云古文重出張彥惟云篆从㝵聲作得古文則仍用㝵不可謂重出也

㞋从又从卩

艮聲服古𦨈

服聲葡箙

色古𢒉

𪐗隸作黑

黑聲默嫼纆墨

或或域邦也从口从戈以守一一地也

或聲緎棫𣢥黬惑淢𤸃讀若溝洫之洫閾或𨷹洫聲惐聝或馘蜮或蟈

惑聲𩐳

國从口从或

國聲槶

戠 闕从戈从音　鍇以爲古職字古之職役皆執干戈　段云周易朋盍簪虞翻本簪作戠云戠聚會也釋文云荀作撍京作宗陰宏道云張揖字詁𢜝撍同字按此戠當以音爲聲故與簪聲虛聲爲伍然尚書厥土赤埴古文作赤戠是戠固在古音之部也音未必非聲按段說是也意字亦从心音聲

戠聲 識樴熾古䞕職膱蟙[illegible]試

直 古𣐄

直聲 殖植或𣗥穡置値殖埴

悳 从直从心姚云直聲今系直聲之次

悳聲 德

亟

亟聲 𩊚殛極極

力

力聲协勒肋朸扐阞

勒聲墊

阞聲泐

牧从攴从牛

再从一冓省

再聲洅

𡿧𡿧害也从一雝川唐韵祖才切段云烖害字本如此

菑或甾从艸甾鍇本作甾聲鍇曰此爲从艸从巛从田凡三文合之舊解从艸甾聲傳寫誤張彥惟云管子內業篇梅意菑爲韵史記漢武帝瓠子歌菑來爲韵賈誼鵩鳥賦之菑期爲韵

甾聲緇錙輜

[illegible]从車玨讀與服同

冊古𠕋符命也諸侯進受於王也象其札一長一短中有二編之形

冊聲𦘒柵

計張云司馬相如子虛賦記計爲韵楊雄羽獵賦計眔旗爲韵

圣从土从又讀若兔窟

圣聲𦀋怪

敕从攴束聲案束聲在矦部與此部絕遠據詩楚茨疑苗云衍聲字是○飭飭竝讀若敕

啚古啚

啚聲鄙

司从反后

司聲祠嗣古孠笥詞苗云鍇本及韵會引

辭籒𤔲姚云籒文司聲

夨傾頭也从大象形

吳鍇本曰聲誤張彥惟云或當作夨聲

仄籒厌夨亦聲按春秋左傳定十五年日下昃穀梁昃作稷故昃聲宜次此

仄日在西方時側也仄聲𣅿聲易曰日𣅿之離

夏讀若蘇

𢻹从攴从厂从未聲未聲在脂部

𢻹聲犛斄𣃹嫠𢡟䊍釐

氂从犛省从毛　張云犛亦聲王褒責髯奴文頤髭灰氂爲韵灰合韵也

毐从士从毋讀若娭

毐聲毒古䈞轉幽部

亥古𠦒古文說解云古文亥亥爲豕與豕同意亥生子復从一起今本譌不成字據小徐祛妄作𠦒　張云逸周書周祝解得服濕息牧刻

爲韵管子七臣七主篇職則刻殆德爲韵

亥聲荄咳古孩該豥骸胲刻核郊晐痎侅欬頦駭核閡垓劾陔荄姚云今本脫此字據衞衞之石釋文補

咨从己从丞讀若詩云赤舄己己

閱恆訟也詩曰兄弟閱于牆从門兒兒善訟者也段云會意兒亦聲張彥惟云周語富辰引人言閱里爲韵應攷此

冃重覆也从冂一讀若艸苺苺段云古音當在之部今音莫保切

孴籒𡥀盛皃从孨从日讀若薿薿一日若存

茍古𦭝自急敕也从芈省从包省从口〇張彥惟云冄徒嚴保庸謂抑六章無曰茍矣當是此字非从艸句聲之茍也其說甚韙記以俟攷〇段云釋詁寁駿肅亟遄速也釋文云亟字又作茍同居力反經典亦作㥛同〇按此可爲嚴說之證

通韵

知氏之部韵 尾懷眔遂位謂師艾契世沬普脂部韵 節抑質部韵 地歌部韵以上聲近相通

○附說文息自聲脂部來〓未聲脂部來疑矢聲脂部來斯其聲分支部必弋聲分質部胏楊雄會字朿聲在脂部𢐀弭之或體兒聲在支部昵暱之或體尼聲在脂部〓讀若灰入脂部〓讀若費入脂部圣讀若兔窟入脂部皕讀若祕入質部〓讀若溝洫之洫入質部閾閾之或體入質說詳質部通韵咸下婄讀若竹皮入歌部以上聲近相通

轉音

仇本音在幽部賓筵二章以韵能又時則讀渠之切疑此字古有兩讀與部中尤牛等字今音聲轉正同俅求聲亦有兩讀以爲古文裘則在此部叚借爲求索之求則在幽部各謂爲本音固無害也膴本音在魚部與今音富字爲近其聲轉與之罟同陳立曰韓詩作膴則某聲在此部吺又本音在魚部聲轉當讀如疑造茂道好本音在幽部以雙聲爲通轉部中如九牛謀求等字今音皆轉入幽部此古今音變必以雙聲爲本也螣本音在蒸部詩大田叚借爲蟘螣與蟘雙聲也此公羊以得來爲登來之類說文引詩直作螟蟘上林賦葴持若蓀韋昭曰持音懲亦蒸之互轉用本音在東部聲轉當讀如異急入本音在緝部轉此部與亟棘聲近穋告祿毒鞠本音在屋韵聲轉與此部入聲最近○附說文存才聲轉諄允㠯聲轉元〓囟聲轉元緐每聲轉元耎而聲轉元侮每聲轉侯〓否之或體豆聲轉侯部〓高聲轉幽部今讀復腹字尚存其本音讀復覆並如皋乃彼部之正音讀富亦如皋乃此部之音變而譌〓讀若

洒轉真部[illegible]讀若迅轉真部以上十字俱聲轉相近存才允吕㝊富㧑洒尤雙聲之著者售古音在此部三百篇用韵較然可見然皆用其轉音非用其本音也自聲自在幽部說文售讀一訓以疊韵爲鳥名是其本音又有或文休聲可證今於此及幽部兩存之鵂售之或體休聲入幽部說詳上需而聲轉侯部說詳彼珛讀若畜牧之畜轉尾韵入幽部今音郁字亦讀入屋韵正此類　按說解畜田畜也𤰞六謂力田之蓄積嘼獸牲也𤰞敹經典多段畜爲嘼此畜牧之畜亦當爲嘼與有聲尤近娸讀若近轉諄部詳脂部轉音近字下[illegible]革之古文自聲在幽部與此部聲轉最近朁讀若嶷一日讀若存轉諄部未知其審李善讀乃立切則又與入食等字同入緝部矣猌讀又若銀轉先部按猌从來聲而讀如銀者來古音讀如釐[illegible][illegible][illegible][illegible]銀古音當呂巾切與來雙聲故猌字之音如之憖从猌聲而孫愐許覲切春秋左傳昭十二年公子憖公羊作整亦可知古音之流變矣鬮讀若三合繩糾轉幽部孫愐古侯切正用此音漢書西域傳龜茲國小顏注音(丘)慈蓋龜音亦轉入幽部矣迹讀若郝轉陌入魚匿若聲魚部來亼讀若集入緝部食鍇本讀若粒入緝部　以上四字疑亦聲近通轉之例農囟聲轉東部說詳東部本字下否重收侯部在此部則讀否之本音在侯部則讀否之轉音其所从得聲之字亦分兩部求裘之古文重收幽部說詳本字下[illegible]東聲在侯部說詳本字下壽壽聲轉幽部此字音讀不甚可通互詳幽部本字下

總論

論曰此部平聲字今人多讀入幽部是其所以分別之大端而入聲多通入屋韵亦與幽部相近二者皆非支脂二部所得同則其自爲一部者斷可識矣部中如求字舊字古音皆有兩讀段氏於說文音韵之學最爲精審然改裘之求聲爲象形似矣而不悟求爲古文裘詩用裘字皆在之部用求字皆在幽部又如弟一部古本音下曰舊聲在此部而不悟舊从臼聲有或體之鵂从休聲可證是皆欲从其一而廢其一未爲得也又攷入聲字惟息北直意異畐側等字偏旁與去聲通轉餘者多自爲部分就其與部中字韵可知爲本韵之入德墨北麥等字今北音多轉从去聲疑去入二聲古本同源自沈休文分韵時始析而二之也劉申甫氏分職德爲弟十五部與支部分錫韵正同然古本合用而多立部目無所取爾也凡類此者俱於韻中分出亦與劉氏之意不背云

贊曰之咍同類著自風詩後世音轉遂通於尤通尋求釐舊古尚多岐因轉得正昭晰無疑

古韻通說卷七

弟七部 歌

平 上 去 入

歌 哿 箇 無

分麻 分支 分紙 分寘

詩韻

皮紽蛇 召南羔羊一章 沱過過歌 江有汜三章 爲何 邶北門一二三章 離施 新臺三章 河儀他 鄘柏舟一章 珈佗河宜何 君子偕老一章 皮儀儀爲 相鼠一章 猗磋磨 衛淇奧一章 阿薖歌過 考槃二章 左瑳儺 竹竿三章 離靡 王黍離一二三章 羅爲罹吪 兎爰一章○說文無罹字在新附顧氏曰書爾雅方百姓罹其凶害本亦作羅漢書于定國傳羅文網者注羅罹也是羅罹爲一字然詩中不宜重用此韵疑許闕

麻嗟嗟施 丘中有麻一章 宜爲 鄭緇衣一章 加宜 女曰雞鳴二章 吹和 蘀兮二章 何何

齊南山三四章　左我唐有杕之杜一章　何多秦晨風一二三章　差原麻娑陳東門之枌二章　池
麻歌東門之池一章　陂荷何爲沱澤陂一章　縭儀嘉何豳東山四章　錡吪嘉破斧二章
何何伐柯一章　鯊多小雅魚麗一章　多嘉四章　椅離儀湛露四章　莪阿儀菁菁者莪一章
駕猗馳破車攻六章　何羆蛇斯干六章　羆蛇七章　地禓說文引詩作禘與易聲同部　瓦儀議
罹九章　阿池訛無羊二章　猗何瘥多嘉嗟節南山二章　河他小明六章　罹何何小弁
一章　掎杝佗六章　何多何巧言六章　禍我可何人斯二章　哆侈巷伯二章　議爲北山
六章　難那桑扈三章　左宜裳裳者華四章　羅宜鴛鴦一章　何嘉他頍弁一章　俄儀賓之初筵
四章　嘉儀同上　阿難何隰桑一章　阿何緜蠻一章　波沱他漸漸之石三章　峩宜大雅棫樸
二章　陀池皇矣六章　賀左下武六章　何嘉儀既醉四章　沙宜多嘉爲鳧鷖二章　阿歌
卷阿一章　多馳多歌十章　儀嘉磨爲抑五章　嘉儀八章　寇可詈歌桑柔十六章
何何何韓奕三章　皮羆六章　犧宜多魯頌閟宮三章　猗那商頌那　祁河宜何商頌元鳥

經韻

離歌嗟周易上經離九三　沱嗟六五　陸儀下經漸上九　和靡中孚九二　罷歌六三　過
離小過上六　過弱象上傳大過　爲嘉象下傳革　義何鼎　何過何小過　地宜繫辭下傳
仰則觀象于天四句　化宜神而化之二句○脞情墮尚書皋陶謨賡歌　頗義洪範○頗唐元宗改爲陂不知頗陂
皆皮聲也○嘉宜儀禮士冠禮字辭○義過大戴禮武王踐祚篇弓銘　路駕大戴禮驪駒詩見漢書服虔注○義
世戲禮記儒行篇末○皮多那皮何春秋左傳宣二年宋謳　何多羅襄八年引詩○隨騧論語微子
八士二季名○他化離騷　差頗　化離　馳蛇　離虧　可我並同上○披離爲
九歌大司命　何虧爲同上　池阿歌少司命　河波蝸河伯　阿羅山鬼　爲化天問
加虧　施化　多何　歌地　宜嘉顧云嘉作喜非　嘉嗟施何並同上　儀虧九章
抽思　化爲思美人　過地橘頌段云失過一作過失誤　儀爲悲回風　馳蛇遠游　靡說文無靡
字張皋文云从毛無義但右文以別摩耳張有云當作摩　波同上　移波離爲漁父

古韵通說卷七歌　二

本音

哥

哥聲　歌或謌滒

多

古　夃緟也从緟夕夕者相繹也故爲多

多聲　哆誃迻誃讀若論語跢予之足眵栘移痑侈袳卶⿰火多黟姼或⿰女氏垑鉹讀若擿一日詩云侈兮哆兮鍇本擿作撦哆兮⿰車多陊

作之侈案鍇本引詩是

多省聲　宐古⿱宀多⿱宀多苗云古文不省

移聲　⿱艹移

侈聲　⿸广侈

宐聲　誼

禾

禾聲　咊龢盉

科程也从禾斗案禾亦聲

匕从到人　張彥惟云篆當作𠤎今作匕筆迹小異

匕聲化魤

化聲吪囮或圝囮讀若譌鉉作訛圝或从繇又音由此字當从口从貨繇會意繇本作䌛訓隨從也囮从口化亦聲兼意

傀鈋

我古𢦐

我聲莪誐䳘餓俄峨硪騀涐娥蛾鉉曰蚰部已有𧕀或作𧊅此重出　案姚據釋蟲釋文以爲此蛾乃蟻之殘缺因改作蟻并補蛬爲蟻之或文而改𧕀之或體蛬爲蛾竊疑其說未是蚰部𧕀下說解蠶化飛𧕀虫部蛾羅也是二字訓釋互異許廁蛾篆於蠪丁螘螘𧖫𧕀之閒益即以蛾爲螘蛾蟻又古今字與𧕀之或體蛬形義俱不同爾雅以𧕀爲羅說文以蛾爲羅二者必有一誤小徐本𧕀或作蛾當依大徐本爲蛬

𧕀或𧊅

它或蛇

古韵通說卷七　歌　三

它聲詑䩜佗張彥惟云佗卽今他字盖後人轉音从也江別之沱之爲池亦然袉覘讀若馳沱鮀拕鉈

加

加聲茄賀嘉枷賀痂駕籀𤘽妿

枷聲迦

罷从网能

罷聲䶕䥯讀若嫣　罷省聲羆古䫶

左手相左助也从ナ工鉉曰今俗別作佐

左聲佐

佐聲䇞苗云說解从佐聲今本無佐字从鉉說改案苗說是古無佐字也

ナナ手也篆作ナ經典通用左

隓篆𡐦姚云說解从差聲今本無差字攷古文𢀩作𢀩悟作悉籀文敗作嶲作嶲車作轙皆用複體此从二左意同　張彥惟云姚說是

也陸今俗作隳

陸聲隓憜隓

墮省聲遀俗作隨

遀省聲隋隓鍇作隋聲

隋从肉从陸省姚云陸省聲

隋聲橢[illegible]憜或惰古媠嫷[illegible]

憜省聲陏[illegible]籀[illegible][illegible]鬌鉉作隋省

冎

冎聲禍過[illegible]楇猧讀若楚人名多夥咼讀若丸骫騧籀[illegible]媧籀[illegible]緺蝸

過聲濄薖[illegible]張彥惟云考槃碩人之薖釋文云韓詩作[illegible]說文無[illegible]字今據補

𢀩籀[illegible]隸作差

差聲 瑳齹蔖[illegible]槎瘥傞髊嵯溠縒[illegible] 蕭省聲[?]部轉魚 差省聲 羨羲犧羛 讀若遲

丂 反丂也讀若呵 張彥惟云呵字闕

丂聲 可

可聲 苛訶駒柯疴何砢河閜抲妸坷軻阿

苛聲 𣹟

何聲 荷

阿聲 闁娿

奇 从大从可 姚云可亦聲

奇聲 猗齮𩣡踦攲婍剞觭椅旖寄倚騎犄掎綺畸錡輢陭

旖聲 𣘗

瓦

義𦏺𦍼𦏲己之威儀也从我从羊　段云从羊者與美善同意　𦏲从弗讀若錡

義聲議艤羲檥䣡儀𡰙轙或钀鍇曰爾雅鑣謂之钀載轡謂之轙則钀與轙異疑此說文本脫誤

羲聲檥賈侍中說此非古字

乁流也从反厂讀若移

乁聲也秦刻石乜氏部分支

也聲迆敀杝讀若他貤施馳灺匜弛或䖅地籀墬阤酏

施聲暆䗐

沙譚沚水少沙見

沙聲莎裟　沙省聲魦

𣏟葩之總名也𣏟之為言微也微纖為功象形　張彥惟云案廡云與林同

古韻通說卷七　五

麻

麻聲 髍縻糜靡䃺讀若㴼水一曰若月令靡草之靡 摩縻或⿰糸多塺

靡聲 䌩礳𪎭攠

爲 古𢀲母猴也其爲禽好爪爪母猴象也下腹爲母猴形王育曰爪象形也

爲聲 蔿譌䝨古貨字讀若貴鄬寪𤶊僞闖撝嬀𨸹　爲省聲 皮古𤿮籀𠬋

皮聲 彼跛詖古文以爲頗字鞁𪏭柀貱旇疲䫙被頗髲破駊㺺波鮍披紴坡鈹

陂

吹 口部欠部重出　吹省聲 炊

炊聲 龡

离 山神獸也从禽頭从𠘱从屮鍇本屮下誤多聲字鉉曰从屮義無所取疑象形段云若禼字之首象其冠

离聲 謧離䅻 姚云今本脫此字據黍離釋文黃公紹韵會四支補 摛縭螭醨

離聲 蘺

虧或虧 虛聲在魚部

羅 从网从維

羅聲 蘿

詈 从网从言

挪 拜聲在覃部 張彥惟云挪从拜聲入歌部音之變也段云此雙聲合韵

[難] 𦰩聲在元部 張皋文云難聲元部字而與此部皆轉聲爲韵非常合例也此六字應重於此 案此字顧江皆云有兩音

難聲 蘿攤儺戁 難省聲 ⿰鬼難 讀若詩受福不儺

果 木實也从木象果形在木之上 張彥惟云司馬相如上林賦夥儸砢爲韵張衡西京賦夥敍施罷移池爲韵

果聲 祼踝課敤髁⿱果多 今作夥 稞窠裹顆淉餜婐 讀若騧或若委

朵

朵聲[illegible][illegible]垛

跨步也从反夊斲从此

午

午聲咼讀若過　張彥惟云案斲當从午今文注並从中誤也廣韻訓中爲跨步遂使午中混譌不可別夅从夊午相承舛从夊中相背則午中判然兩字無疑說文有夊夊午而無中當是脫誤耳

咼聲[illegible]蝸或蜾果聲

貨

貨聲瑣[illegible][illegible]潰案易旅初六爻辭當以瑣災爲韻

臥

伏也从人臣取其伏也張彥惟云王褒僮約臥罝爲韻

戈

張彥惟云揚雄解嘲戈儀爲韻并州箴䟦戈何爲韻

㘴

古坐

坐聲 㘴䟶睉剉痤侳鏊挫娷銼

𡖅 厚脣皃从多尚 鍇本尚下誤多聲字唐韵陟加切

叉 手指相错也从又象叉之形

叉聲 杈

危 在高而懼也从产人在厓上自卪止之㧑产魚毁切从人在厂上 張彥惟云管子侈靡篇危隨爲韵楊雄長楊賦虧危爲韵

危聲 祪䠍詭䑐桅頠恑姽蛫垝或陒𨦘

戲 三軍之偏也一曰兵也从戈䖒聲 䖒聲在魚部

罽 或𦋚 从网从䍕 䍕馬絆也或从革 㧑江引淮南子決鼻而羈生子而犧尸祝齋戒以沈諸河羃應入此部

𦝠 或曰嘼名象形闕唐韵郎果切 今以所从得聲之字入此部

𦝠聲 臝或裸蠃或騾羸蠃嬴（贏）轉耕部

羸聲 𣨶𦡒𨭚𤡾 無 嬴省聲（嬴）轉耕部

尷郯中病也从尢从爲唐韵郎果切按當从爲聲今附此

奰从三大三目讀若易宓羲氏詩曰不醉而怒謂之奰

奰聲屭

惢从三心讀若易旅瑣瑣

𢧵讀若踝

萑鴟屬从隹从𦫳有毛角讀若和　案萑讀若和自是本音今音萑讀如桓乃从萑雙聲轉入寒韵亦儺難之類也廣韵收萑萑二文入二十六桓是从今音張氏收入此部从古讀也

萑聲萑隸省作萑

𠂹古𡍮隸偏旁通用垂　張彥惟云司馬相如美人賦奇垂施爲韵張衡南都賦華靡披爲韵

𠂹聲䍋垂陲

垂聲唾或涶或體口部水部重出諈睡甀腄箠厜騒篅騀捶娷埵讀若朵錘陲涶

驪讀若佳○唐聲 邐韻中句切

通韻

裼支部韻按易聲也聲古本同部故碭之或體爲砤鬄之或體爲髢而地字古亦有帝音段氏引莊子接輿歌地與避韻泰琅邪臺刻石文地與帝僻辟易畫韻司馬相如子虛賦地與繫韻元命包曰地者易也皆入支部地之籀文墬隊聲在脂部尤可得也聲之古讀矣祁脂部韻商頌長發當與河宜何爲韻顧氏江氏謂與上章里海爲韻者非也段亦不數此韻世脂部韻江氏據此爲義轉去聲讀魚寄切之始今案戲亦有麾音荀子成相篇伏羲作伏戲與施罷爲爲韻脂歌等部古本互通則世與義戲原可通協段茂堂不數爲韻亦以相涉爲嫌耳○以上聲近相通

○附說文氏乁聲分支部㚸姼之或體氏聲在支部𢏅弛之或體虒聲在支部墬地之籀文隊聲在脂部鉹讀若槢

葦讀若遲䝐讀若貴婐讀若騧或若委按委亦當从禾聲○四字讀若皆在脂部廦讀若澥水在之部○以上聲近相通

轉音

原本音在元部轉入此部當讀如移按元部中字轉入此部者如書之嶓家番番艮士俱讀如波詩魯頌有驒有駱驒徒河反繟詁㢈丁賀反皆此字之證難本音在元部轉入此部當讀如挪顧江皆云此字有兩音張臯文云此轉聲爲韻非常合例也難聲應重出於此今从之儺說詳

上

寇本音在侯部轉音當讀如課

陸本音在屋韵爲幽部之入聲轉當讀如羅自范諤昌改陸爲逵而朱子本義因之按逵或作馗古音當入幽部正與侯爲通轉也

弱本音在蕭部聲轉入此部與今音爲近

路本音在魚部聲轉入此部當讀如羅魚部中如家華車邪等字漢以後皆用入歌部此古今音韵之流變實靈均此字之爲權輿當日或轉駕从故音未可知也

○附說文

⿰拜阝拜聲在覃部說詳本字下

虧虛聲在魚部聲轉入此部

戲虛聲在魚部按虛說文虍聲虍唐韵荒烏切虛許羈切是已從虍之轉音讀如羲今因虛不見韵仍從虍入魚部

⿺辶騶讀若住在侯部按騶讀若篕唐韵之壘切與住正爲一聲之轉此等音雖遠而實近

鮺羲省聲轉魚部按羲本从差省聲而唐韵側下切魚麻二部古韵互通不得疑孫讀之非古矣自後人變其字爲鮓而側下之古音不可識自魚麻分爲二部而鮺之从羲省聲羲之从差省聲者愈形其隔閡矣許書之大有造於韵學如此

格籀文駕字各聲在魚部轉入此部

鼏鼏聲轉耕部

鼏鼏省聲轉耕部按二字聲轉不甚可通大徐謂鼏當从鼏省聲說近是鼏與鼏聲轉尚近而鼏又不當先於鼏也段謂鼏當从鼏省聲鼏从貝从鼏爲會意不可从

鑯轙之或體獻聲錯引釋器謂轙與鑯二物然古獻尊字或作犧尊而脂部之入聲亦有獻字或作鑯元部與脂歌部聲轉最近未可執雅訓之異文疑之矣

⿰山咼讀若觤按觤从九聲在元部而唐韵於詭切則當以雙聲轉入此部此等字非有說文讀若之音則不知觤字今讀之不誤執一者必欲泥九聲於元部則惑矣

難說見前難儺等字从之故並分難聲入此

論曰此部以今音讀之則歌麻較然有別歌音近支而麻音近魚模也故凡多聲也聲爲聲禾聲吹聲皮聲离聲諸字今音多轉入支部麻韵中家聲車聲叚聲亏聲華聲牙聲諸字皆宜歸魚模部而此部之眞音始出以歌麻二韵較之則麻聲又爲歌聲之轉故凡加聲沙聲麻聲之偏旁輒多讀入歌韵而歌韵之轉入麻者無之又卽其偏旁諸字以今音讀之於上去二聲率多不全頗疑麻非古音不能自成爲部蓋其偏旁非其所獨據也至如地字亦有帝音義字亦有乂音則又爲此部通入支脂之證而聚訟紛如矣

贊曰歌麻二部相切而和分支得半厥類無多爻之咍後於理則郱

古韵通說卷八

弟八部 眞

平　上　去　入

眞 臻　軫　震　無

分先　分銑　分霰

詩韵

蓁人 周南桃夭三章　麟 麟之趾一二三章　蘋濱 召南采蘋一章　淵 一均切　身人 邶燕燕四章　洵

信 擊鼓五章　薪人 凱風二章　榛苓人人人 簡兮四章　天 鐵因切　人 鄘柏舟一二章　零人田 徒鄰切　人淵千 倉新切　定之方中三章　人姻信命 蝃蝀三章　天人 王黍離一二三章　薪申 揚之水一　田人人仁 鄭叔于田一章　溱人 褰裳一章　薪人信 揚之水二章　顛 典因切　令 東齊方未明　田人 甫田一二章　令仁 盧令一章　鄰命人 唐揚之水二章　薪天人人 綢繆一章

苓顚信采苓一章　鄰顚令秦車鄰一章　天人身黃鳥一二三章　榛人人年泥因切曹鳲鳩四章　薪年豳東山三章　駰均詢小雅皇皇者華五章　田千采芑一二章　天千三章　淵闐徒鄰切同上　天淵鶴鳴二章　年溱無羊四章　親信節南山四章　電徒肾切令十月之交三章

天人七章　天信臻身天雨無正三章　天人人小宛一章　陳身人天何人斯三章　翩紕賓切人信巷伯三章　天人人五章　薪人大東三章　薪人同上　天淵四月七章　濱臣均賢下珍切北山二章　天西小明一章　盡引楚茨六章　甸田信南山一章　賓年三章

田千陳人年甫田一章　岡薪東牽四章　榛人青蠅三章　命申采菽三章　天臻矜菀柳三章

田人白華三章　薪人四章　元胡匀切矜民何草不黃二章　天新大雅文王一章　躬天七章

天莘大明六章　天人棫樸四章　天淵人旱麓三章　民嫄生民一章　堅居因切鈞均賢行葦五章　爾年允既醉六章　人天命申假樂三章　天人命人卷阿八章　人行抑九章此三句段以言行合韵按元與庚古無通協者當以眞耕通韵爲是

甸民塡徒鄰切　天矜桑柔一章　翩泯燼頻二章

人人十章 天人臻雲漢一章 天神申崧高一章 田人三章 身人烝民四章 甸命

韓奕一章 人田命命年江漢五章 田人瞻卬二章 天人三章 人訓刑周頌烈文 天民

思文 年人臣工 人天雝

經韵

田人周易上經乾九三 淵天人九四九五 翩鄰泰六四 身人下經艮 人神彖下傳豐

身仁彖上傳復 牽去眞切 賓牽民正命吝彖下傳姤 信身繫辭下傳尺蠖之屈四句 天田文言

傳乾上不在天二句 天田人上不在天三句 親新信雜卦傳 進親顛同上 ○ 寅滸尚書堯典夙夜

惟寅二句 偏批賓切 平洪範 ○ 天田年引儀禮少牢饋食禮祝嘏主人 ○ 人淵大戴禮武王踐阼篇盥盤銘 ○

民年公冠篇祝雍祝成王冠辭一作近於仁遠於佞 ○ 新新新禮記大學湯盤銘 ○ 佞田晉語輿人誦惠公

倩盼絢論語八佾篇引詩 親人人堯曰篇 ○ 名均離騷 轔天人九歌大司命 民嬪天問

鑽親同上 人身九章惜誦 明身同上 天名哀郢 鎭人抽思 顛天悲回風

本音

眞古音

眞聲（遴部）示瑱或䪴嗔鎮蹎謓一曰讀若振瞋祕書眡瞋槇稹寘瘨顛槙古音滇寘

讀若貧闐塡鎮轃讀若論語鏗爾舍瑟而作又讀若堅　按說文無鏗字

天顛也至高無上从一大　按天顛疊韵爲訓古讀鐵因切淮南子原道篇不以人滑天高誘注天身也亦以疊韵爲訓

天聲吞忝

扁从戶册

扁聲萹偏騙讀若苹或曰徧諞騗篇褊䏊讀若邊瘺偏徧鶣或𩠐揙媥䮁編蝙

翩省聲頨頭妍也讀若翩唐韵王矩切是讀爲羽聲此古今音變

辛从一从辛辛罪也

辛聲亲痒（屖部）轉脂部

亲聲 親新

親聲 櫬寴瀙

新聲 薪

臣 象屈服之形

臣聲 菣䛒古𨼦臨指讀若 臤讀若鏗鏘之鏗古文以為賢字 郎頤梔

臤聲 鼓或堅掔鋻腎賢掔讀若詩赤舄掔掔 豎竪腎

堅 从臤土 姚云臤亦聲

堅聲 樫讀若鏗爾舍瑟而作 堅省聲 硻

緊 从臤絲省 姚云臤亦聲

[遴]古 仐

口聲 牽眩炫泫鉉

衕或衙行且賣也从行从言或體彳聲

粦从炎舛舛錯本舛下有聲字張皐文云舛者人足也誤多聲字隸作粦

粦聲遴或僯蹸瞵鄰轔麟獜憐粼鱗驎

壼宮中道从口象宮垣道上之形隸作壼

因

因聲茵司馬相如鞇咽歅駰恩洇栶姻籒婣

秦籒䅈从禾舂省

秦聲蓁榛溱臻螓

人古文奇字儿

人〔雁〕轉蒸部又从〔参〕分諄聲〔𤺌〕痻省聲入侵〔参〕部

千从十从人張皐文云从人持十爲千今本作人聲誤也

季干聲隸作年汘䄷

𨛫年聲讀若寍

仁古忎

佞仁聲从錯本鉉从女信省　段云佞今音乃定切故徐鉉張次立疑仁非聲攷晉語佞之見佞果喪其田詐之見詐果喪其賂古音佞與田韵則仁聲是也○按春秋左傳襄三十年天王殺其弟佞夫公羊作年夫亦其證

丏

眄丏聲麪𡧍沔蝒讀若周天子赧

賓㝉聲古賔

蠙賓聲矉嬪髕儐或擯䚔鬢𩴵嬪　𨷈賓省聲

令

玲令聲苓笭柃囹伶領泠冷零鴒聆瓴蛉鈴軨司馬相如說䡼秢今本說文俱从令誤令聲在眞

部今聲在侵部絕不相通觀毛詩用韵較然可見

命从口从令

勻

勻聲赹讀若煢袀均鈞古銞酌

勻省聲訇籀𧦝訇又讀若二元鉉作名旬或眴

均聲䓛

鈞聲𢟩

旬古𠣬古文勻聲

旬聲珣讀若宜箮𡬯或𢼀郇讀若亂㡅侚恂洵姰絢段云九經字樣絢絢同字上說文下隸省按絢不見他書疑所據未確

筍聲𣟐

𡬯聲𣟚

[illegible]籀[illegible]隸作壥

淵或𣶒古囦

𣶒聲[illegible][illegible]

顛隸作顚

顛聲[illegible][illegible]

民古[illegible]

民聲珉敃[illegible]罠怋蟁或𧍙俗蚊

敃聲愍

田

田聲畋平田也从攴田姚氏段氏竝云田亦聲今从之佃

申古[illegible]籀[illegible]隸作申今本古籀到亂據姚說改

申聲 呻胂伸魋電古𩃬紳陳籀𨻰

𦥔聲 臾

伸聲 𢾾

陳聲 敶

坤 从土申土位在申也姚云申亦聲

身 从人厂聲　按厂聲在支部張皋文云莊寶琛云當从人𦥔省聲其說甚佳　成孫按姚从鍇本入𦥔省聲未知所據者何本

身聲 㑗

神 从示申鍇本申聲鍇云疑多聲字

丨 上下通也引而上行讀若囟引而下行讀若退唐韵姑本切　按此字古今異讀今姑系之於此

丨聲 引

引聲 靷籀𩌫𦙶紖釰

引省聲 矤弞

信 古㐰訫 信从人从言會意

⿱聿火 火餘也从火聿聲一曰薪也鉉曰聿非聲疑从聿省今俗别作燼非是　聿聲在質部⿱聿火讀津

⿱聿火聲 盡 賮

盡聲 璶 藎

進 古[illegible]

犬

犬聲 ⿰犬隹

𡿨 古甽 篆畎

甡 从二生詩曰甡甡其鹿　段云其字或作詵詵駪駪侁侁莘莘皆叚借也按先莘皆眞部字

朩 从屮八象枲之皮莖也讀若髕

⿸尸乂

古韵通説卷八 眞　六

反聲赮赧赮省聲㬥

桑从叒在木上讀若詩莘莘征夫

卂疾飛也从飛而羽不見

卂聲迅訊古訙汛蝨杋讀若莘張彥惟云按杋讀若莘桑讀若莘莘征夫說文有莘氏作侁見𨚍注而無莘字缺脫也當从艸辛聲此部聲也

晉从日臸聲鉉本無聲字隸作晉按臸到也晉進也段以晉从日从臸會意則鍇本誤

晉聲榗木也書曰竹箭如榗鍇本作詩曰榛楛濟濟鍇曰說文無榛字此卽榛字也張彥惟云今二徐本竝有榛字未知後人羼入抑錯記誤

鄑此字今音子移反亦眞脂互通之類戩詩曰實始戩商按今詩作翦縉

㒼从門二二古文下字讀若軍隊之隊

㒼聲顢㒼省聲䦨穡𤕦閔

藺閵聲　進閵省聲

璡進聲讀若津

緜从系从帛張彥惟云劉歆遂初賦驕緜爲韵

寅古[illegible]

寅聲[illegible]瞚[illegible]籒[illegible]夤从夕寅聲易曰夕惕若夤段正夤作厲其說甚是演戭螾或蚓

夤聲濥

通韵

西訊吝盼諄部韵嫄元部韵刑平正清倩名鰥耕部韵行明陽部韵讀如今音則入耕部以上聲近相通○附說人聲分讀讀若振文参諄部讀入諄部璡讀若津入諄部卤訊之古文卤聲卤讀若邊論古文西字入諄部牖入元部

鬳又讀若元入元部珣讀若宣入元部賓賓之古文完聲入元部蹁讀若苹入耕部䓝讀若熒入耕部轄䗂司馬相如轄字䗂聲入耕部郱讀若甯入耕部○以上聲近相通

轉音

岡陽部韻音轉讀如耕與此部通韻此猶行明之類或轉薪以就岡者非也躳冬部韻與此部絶遠錢大昕云詩韻有音隨義轉者躳之義如身卽轉躳之音爲身以韻天震爻辭震不於其躳於其鄰亦此例說甚是○附說文⿰目戌融書嗔字戌聲轉脂部厗辛聲轉脂部賓讀若資轉脂部⿰臣言讀若指轉脂部按眞部脂部聲轉最近眞脂二字卽雙聲也掔讀若詩赤舄掔掔按毛作几几與尾韻則掔當轉从尾音韻又讀如掔當亦从轉音而非从其本音也亦眞脂二部互轉之證⿰犭雁人聲轉蒸部郇讀若泓轉蒸部按眞蒸二部今音最近故其字亦多互轉身厂聲在支部說詳彼耒聿聲在脂部說詳彼及本字下丨引而上行讀若囟在之部引而下行讀若退在脂部說詳本字下

論曰自十七眞至下平二僊凡十四韻言古韻者皆云相通江愼修氏始分眞臻文殷魂痕爲一類元寒桓刪山僊爲一類各以先韻之半入之可謂密矣然不知眞臻與諄文殷魂痕又自有別茂堂段氏攷諸三百篇而知兩部之韵古人分用最嚴其論較江氏尤密而猶有未審者則不當以質櫛屑之入聲分配此部今故从高郵王氏陽湖張氏分質部自爲一類

而此部則固無入聲抑又嘗攷之此部中字多與耕部通協古周易屈宋之文皆如是諄元部則不無小異此其豪釐千里之故所宜明辨以晢者歟

贊曰眞先二部古本同原降而今讀判若天淵通則已甚遂踰諄元通刑平之屬耕青所因董而理之庶幾解人

古韵通說卷九

弟九部 諄

平　上　去　入

諄文欣魂痕　準吻隱混很　稕問焮慁恨　似轉屋韵覲龀字可見

分元　分真　分銑　分軫　分震　分願

分先

詩韵

詵孫振周南螽斯一章　麕春召南野有死麕一章　緡孫何彼襛矣三章　門殷貧艱邶北門一章

洒浼殄新臺二章　奔君鄘鶉之奔奔二章　倩盼衛碩人二章　順貧氓四章　漘昆聞王葛藟二章

啍璊奔大車二章　順問鄭女曰雞鳴三章　門雲雲存巾員出其東門一章　緍

雲齊敝笱一章　輪漘淪囷鶉飧魏伐檀三章　羣錞苑秦小戎三章　勤閔豳鴟鴞一章

晨煇旂小雅庭燎三章　羣犉無羊一章　鄰云慇正月十二章　先墐忍隕小弁六章　艱門

云何人斯一章 雲雰信南山二章 芹旂采菽二章 慍問大雅緜八章 臺熏欣芬艱鳧鷖五章 訓順抑二章 愍辰東痻桑柔四章 川焚熏聞遯雲漢五章 雲門韓奕四章 先天瞻卬七章 典禋周頌維清 耘畛載芟 芹旂魯頌泮水一章

經韻

文文周易彖上傳賁 君羣象上傳否 炳蔚君象下傳革 焚聞旅 存門繫辭上傳成性存存二句 縕醇繫辭下傳天地絪縕二句○訓訓尚書洪範是彝是訓二句○純循大戴禮哀公問五義篇穆穆純純以下六句三韵 聞孫武王踐祚篇矛銘 門存大戴禮驪駒詩見漢書服虔注○西巡禮記祭義日出於東四句 神先 雲孔子閒居清明在躬六句○晨辰振旂賁焞軍奔春秋左傳僖公五年童謡○艱替離騷 忍隕同上 門雲九歌湘夫人 門雲塵大司命 雲先國殤 分陳天問 窴墳 云先同上 貧門九章惜誦 聞忳 忍軫同上 聞患九章抽思 還聞悲回風 雰媛同上 勤聞遠遊 傳垠然存先門 門冰 天聞鄰同上

本音

亯 篆亯孰也从亯从芉讀若純一曰鬻也 隸偏旁譌作享享說文作亯

亯聲 犉啍諄讀若（敦）又轉庵脂部 䭳雜焞敦惇䪌弴埻讀若犨 錞醇（孰）轉屋韵入幽部

屯 象艸木初生从屮貫一一地也尾曲

屯聲 萅隸作春 肫笹杶或櫄古杻邨窀頓庉䵝奄讀若鷉 純鈍軘

春聲 偆鬊惷蠢古䠞

㬫 隸作熏

熏聲 薰纁壎勳古勛 醺

分

分聲 氛或雰㤗或芬豶攽讀與彬同 盼粉鳻盆枌棼貧古穷邠或豳粉張彥惟云錯本以㯳爲粉或文說詳㯳下 岔份古彬古文彬从彡林林者从焚省聲 衯頒䢵或蚡忿汾魵扮讀若粉

紛坋

岎聲 梤

賁聲 蕡

彬聲 虨

黺从黹从粉省○按此字兼从粉省聲今系粉聲之次

辰古辰三月陽氣動物皆生从乙匕象芒達厂聲也辰房星天時也从二二古文上字鉉曰厂非聲疑亦象物之出　厂聲在支部

辰聲 祳唇賑晨脣古頋䫃賑辴或晨宸㫳䢅𠪷震鎭振娠蜃䀼

唇聲 漘

晨聲 鷐

刃

刃聲 杒訒牣肕仞忍汈紉靭

忍聲惹

典 古籅从冊在丌上

典聲琠敟腆古𦛗㥏錪

𥁕

𥁕聲嗢讀若奧殟煴愠溫搵媪縕轀醞

溫聲蕰

壹 壹壺也从凶从壺易曰天地壹壺錯曰今易作絪縕

飧

侖 籒𠎩

侖聲論睔棆讀若易卦屯倫惀淪掄綸蜦讀若戾艸或蜧輪陯

員 籒鼎从貝口聲口聲在脂部

員聲䐌讀若遜𦓸或蕓圓鄖殞覞讀若運䫶碩愪湏霣讀若昆古䨵損䝻隕

困

困聲菌䜮䠅箘稇睏　困省聲麇籀麕

麇聲攈

昆

昆聲琨或瑻焜混棍緄輥

蔄

讀若鑾　按韵會蔄音門本草虋冬今亦作門冬

蔄聲璊或玧瞞樠𣭴鬗讀若蔓㒼滿

滿聲懣

巾

㐱从彡从人

㐱聲珍趁讀若塵診眕㐱古彡胗籀疹袗或裖彭駗沴紾眕軫昜轉侵部

㐱省聲飻

𥃩隸作艮

艮聲珢很齦跟或𧿞詪靻眼根痕顋豤狠恨垠或圻墾籀墾从喜銀限

般从舟从殳

般聲⿱般心

先

先聲跣詵侁毨讀若選駪洗姺銑

文

文聲玟吝古㖹鑢日部駁忞汶閔古𢡎鍇云从思𣇘虍部分元彣張氏姚氏俱謂文亦聲今从之

吝聲麐

《古韻通說卷九》諄　四

閔聲潣

軍从車从包省

軍聲葷喗運齳韗或韗睴暈鶤餫楎鍇本讀若緯或如渾天之渾鄆暉幝或褌⿰亻軍鼲煇

惲渾緷葷輝揮

豚篆豚小豕也从彖省象形从又持肉以給祭祀

豚聲遯

免鍇疑義篇云說文有俛晩等字而無免字脫誤按段張俱補此字今从之

免聲鞔睌晚冕或絻浼鮸娩勉輓挽張氏姚氏俱謂免亦聲今从之

卉重收脂部

卉聲賁奔鉉本賁省聲鍇曰卉非聲疑奔走於艸莽張皋文云鍇不知韵然可知大徐之非古鼖鉉本賁省聲或鞼鍇本从革賁聲鉉从賁不省𠦬張皋文云捧字云𠦬音忽按音轉入聲本音近賁觀餘字可知成孫按許無直音此𠦬音忽疑後人妄加此字

讀入亦非古音也

賁聲 蕡噴臏㱩僨歕豶憤濆墳鐼讀若薰。緍作訓輴

𢍜聲 饆或饙餴張臯文云𢍜音𢍜賁奔聲相近鉉云𢍜音忽非聲疑奔字之誤豈忘或从奔耶

川

川聲 巡訓順馴紃𨊂

雲古云𠃑

雲聲 澐

云聲 芸囩䆬讀若春秋傳曰宋皇鄖魂奃鍇本讀若鼲沄讀若混抎妘籀䰟

㢴古卥籀卤或棲㢴隸作西鳥在巢上象形日在西方而鳥棲故因以爲東西之西張臯文云或體妻聲蓋轉入脂部

西聲 茜洒垔古䦈或陻

垔聲 禋籀𥛧𡎆鄄煙或烟古𡏁籀𪗘湮闉甄

甄聲甎

門从二戶象形隸作門

門聲問闇閔閩聞古䎽捫閩

閏从王居門中

閏聲瞤潤

昏从日氐省一曰民聲○張皋文云昏亦从民故一曰民聲成孫按有或體作昬而今脫敓

昏聲敯䳖殙䫒惛閽捪婚籀𡣍緍錉

敯聲䟯

𡣍聲𨏬讀若閔

孫

孫聲遜愻

堇古𡎸𦳝堇黏土也从土从黄省隸作堇

堇聲瑾墐謹嫤饉鄞𠻆瘽僅覲廑攫嶜墐勤鷬或𧀹古𪂹𪂶分元部

斤斫木也象形

斤聲芹古蘄从艸靳聲說文無靳字鉉以靳爲菥之重出姚據釋艸釋文以蘄爲芹之古文今从之听䜣讀若堇齗訢

靳虒昕鉉本讀若希旂欣犷忻沂断鈃菥頎近古岸

近聲𨒪

欣聲掀

祈聲菥

沂聲垽

存从子才聲才聲在脂部

存聲荐栫

罤 周人謂兄曰罤从弟从眔鉉曰眔目相及也兄弟親比之義

罤聲 [illegible]

鰥 从魚眔聲李陽冰云當从罤省張彥惟云按眔聲不類罤爲昆弟字經典多借用昆以聲類之李說是也正宜亥此○按眔聲在緝部

鰥聲 [illegible]

焚 从火棥棥亦聲隸作焚棥聲在元部

焚省聲 煩

煩聲 薠

君 古文[illegible] 君尊也从尹發號故从口

君聲 莙 讀若威 羣郡宭窘帬 或 裠頵涒輑 讀若帬又讀若褌

羣聲 [illegible]

盾 瞂也象形○張彥惟云鍇本有厂聲三字誤也逸周書周祝解本盾爲韵淮南子原道下遁分爲韵揚雄解嘲貧存遁爲韵

盾聲遁循腯楯𥍂讀若易屯卦之屯揗

尹古文𡰥張彥惟云張衡西京賦駢引展軫尹爲韵

尹聲笋

聿从聿从彡讀若津○張彥惟云楊雄蜀都賦畚泉津川爲韵泉合韵也聿聲宜次此

聿聲𨓈𦘦津古𦨭隸作津苗氏據古文四聲韵謂古文从水爲从辵之譌𦨭當爲𨗨與㫃部游古文作遊易水爲辵可以互證其說近是

津聲𦺏

弦从弓象絲軫之形隸作弦○張彥惟云班固賓戲弦分斤爲韵

弦聲𢐎痃舷㤨婱弦省聲胘伭

舛楊雄踳

舛聲舜古𡕘隸作舜

舜聲 蕣

本 古𣒐 木下曰本从木一在其下○張彥惟云國策齊宣王見顔斶章君本爲韵素問至眞要大論本損爲韵

本聲 笨

豩 二豕也豳从此闕○張彥惟云按與豳同聲說詳暘部从下

豩聲 燹

燹聲 闅

蔦

蔦聲 [illegible][illegible] 讀若尊

蚰 从二虫讀若昆

尊 或𢍜 張彥惟云張衡西京賦煇彬崙尊爲韵

尊聲 墫䔿噂遵蹲劗僔鱒繜鐏

鯀从魚系聲鉉曰系非聲當从孫省疑鉉説是 系聲在脂部

鯀聲 隳

尟从是少唐韵蘇典切

𠘧新生羽而飛从几从彡唐韵之忍切段云此與彡部㐱音同形近而義殊

寸十分也人手卻一寸動𧖴謂之寸口从又一

寸聲 刌

𢀩从爫工讀與隱同 張彥惟云揚雄連珠隱韻爲韵

𢀩聲 㥯

㥯聲 鷾檼濦隱

隱省聲 檃

筋肉之力也从肉力从竹竹物之多筋者

囷 古朱 从木在口中

囷聲 梱涃涸 鉉本無姚以爲卽涃字毛刻改涸也未知所據

圂 廁也从口象豕在口中也會意段云少儀君子不食圂腴云周禮圂作豢謂豢人掌豢祭祀之犬是也唐韵胡困切

圂聲 㮯[illegible]慁溷[illegible]

疢 从火从疒

𡱂 或脽[illegible] 𡱂髀也从尸下丌居几唐韵徒魂切 段云脽與肉部脽義同字異

𡱂聲 殿

殿聲 [illegible]澱 殿省聲 [illegible]

印 執政所持信也从爪卩

廴 長行也从彳引之唐韵余忍切

㹜 兩犬相齧也从二犬唐韵語斤切

𧇂兩虎爭聲从虤从曰讀若憖

通韵

鄭神塵陳寘天俱眞部韵苑患還媛傳然俱元部韵○以上聲近相通○附說文瑻琨之或體貫聲在元部玧璊之或體允聲在元部烟煙之或體因聲在眞部虔文聲分元部鷬堇聲分元部樊棥聲元部來鬗讀若蔓入元部毨讀若選入元部趁讀若塵入眞部○以上聲近相通

轉音

倩本音在耕部轉入此部當讀若飧去聲青聲在眞部爲通韵而此不通韵者耕部與眞部尤近也東本音在東部轉音與登相近亦猶冬部之類與中協也漢書五行志懷柔百神亾不宗事師古曰宗尊也是知宗字亦有尊音與東之轉音相類炳本音在陽部轉入此部當讀如今音蔚本音在脂部轉音當讀如運循俗讀尉斗之尉亦如運也音本部在脂部段云此字當平讀如親而近汀故與鄰韵冰本音在蒸部音轉與此部最近○附說文敦𦎫聲又轉脂部說詳彼奔卉聲在脂部重收於此說詳脂部本字下員口聲脂部來說詳彼脽屍之或體隼聲在脂部埻讀若準在脂部隼準字皆讀如今音蜦讀若戾艸在脂部蜧蜦之或體戾聲在脂部楎錯本讀若緯在

脂部**昕**讀若希在脂部**著**讀若威在脂部漢律婦告威姑即君姑也君威二字古讀相近**棲**西之或體妻聲在脂部蓋西之轉音如今讀故从木从妻然可知此字之非古○按此部中字多與脂部遹轉詩韵中敦焞頎近四字是其切證互詳脂部轉音下**存**才聲之部來說詳彼**嗢**讀若奧轉幽部唐韵媼烏皓切亦其類也**孰**𦏧聲轉屋入幽𦏧與孰雙聲也**曑**参聲轉侵部聲相近**㥯**讀若慭在之部按慭从猌聲而猌讀若銀唐韵慭魚覲切則慭仍从猌之轉聲入此部㥯唐韵亦語巾切故不應入之部也**奃**鐺本讀若鄬無此字段改為鄦云蓋由鄦作鄬而誤耳說近是**辰**厂聲支部來說詳彼**鯀**系聲脂部來**鰥**眔聲緝部來○按此二字聲俱不相近說詳本字下**杻**杶之古文丑聲相去絕遠段云依汗簡所載近是即屯字側書之耳集韵徑作杻非也

論曰此部與眞部大畧相同而微有辨者眞淸而諄濁也三百篇分韵劃然他經間有出入至於屈賦則已淆眞元之界矣論韵以三百篇為準他經有所不必从也又攷部中字見韵者如𦎫聲之敦焞斤聲之頎近皆轉與脂部相協疑此四字古有兩讀愼修江氏謂賁有彼義切為俗音以此揆之當不其然陽湖張氏又分此四字入脂部是以轉音惑其本音亦未

爲得也要之此部字與脂部通轉是其所以分别之大端攷古者欲知本音先觀其轉音其轉音與何部相近則本音可得而識矣

贊曰舜作五絃以歌南薰爲元音之起閔閔[illegible][illegible]譬諸大易厥類爲屯發聲重滯是謂諄文

古韻通說卷十

弟十部元

平　上　去　入

元寒桓刪山仙　阮旱緩潸產獮　願翰換諫襇線　轉月曷末黠等韻爲脂部之入

分先　分銑　分霰　古不同用

詩韻

轉卷選邶柏舟三章　雁旦泮匏有苦葉三章　干言泉水三章　泉歎四章　孌管靜女二章

展袢顏媛鄘君子偕老三章　反遠衛載馳二章　僴咺諼衛淇奧一二章　澗寬言諼考槃一章

垣關關漣關言言遷氓二章　怨岸泮宴晏旦反六章　乾歎歎難王中谷有蓷一章

館粲鄭緇衣一二三章　園檀言將仲子三章　慢罕大叔于田三章　晏粲彥羔裘三章　旦

爛雁女曰雞鳴一章　言餐狡童一章　墠阪遠東門之墠一章　漙婉願野有蔓草一章　渙簡觀

觀溱洧一章　觀觀二章　還閒肩儇齊還一章　婉孌丱見弁甫田三章　瓌鬈盧令二章

孌婉選貫反亂猗嗟三章　閑閑還魏十畝之閒一章　檀干漣廛貆餐伐檀一章　粲爛

旦唐葛生三章　旃然言焉采苓一二三章　園閑秦駟驖三章　菅言陳東門之池三章　蕑卷

悁澤陂二章　冠欒慱檜素冠一章　婉孌曹候人四章　泉歎下泉一二三章　山豳東山一二三四章

遠踐伐柯二章　原難歎小雅常棣三章　阪衍踐遠愆伐柯三章　嘽痯遠杕杜三章　汕

衎南有嘉魚三章　安軒閑原憲六月五章　園檀鶴鳴一二章　干山斯干一章　言言雨無正五

章　山泉言垣小弁八章　幡言遷巷伯四章　泉歎大東三章　熯愆孫楚茨四章　翰憲

桑扈三章　霰見宴頍弁三章　樊言青蠅一章　筵反幡遷僊賓之初筵三章　言言五章　反

遠角弓一章　遠然二章　菅遠白華一章　燔獻瓠葉二章　援羨岸大雅皇矣五章　閑言連

安八章　垣翰文王有聲四章　原繁宣歎巘原公劉二章　泉原三章　泉單原五章　館

亂鍛六章　澗澗同上　安殘綣反諫民勞五章　板癉然遠管亶遠諫板一章　難

憲二章 藩垣翰七章 旦衍七章 顏愆抑七章 翰蕃宣崧高一章 番嘽翰憲七章

完蠻韓奕六章 宣翰江漢四章 嘽翰漢常武五章 僩反反周頌執競 渙難訪落 閞

燕魯頌有駜三章 山九遷虔梴閑安商頌殷武六章

經韵

邅班周易上經屯六二 班漣上六 皤翰賁六四 園戔六五 反連下經蹇九三六四 變

面革上六 干言漸初六 磐衍六二 順實巽順象上傳蒙 願亂履 實願願亂

泰 變巽象下傳家人 亂變巽萃 巽願亂漸 順願渙 變願中孚 言蘭

繫辭上傳同心之言二句 變倦繫辭下傳通其變二句 遠遷易之爲書二句 言見言遷八卦以象告以下

散烜說卦傳雷以動之四句 燗反襍卦傳 綏難同上 ○言愆盤儀禮士昏禮庶母命女 ○然

善大戴禮哀公問五義百姓欽然二句 殘然武王踐祚篇楹銘 ○安顏言禮記曲禮上坐必安以下 斑拳檀弓

下原壞登木而歌 旦患坊記引逸詩 ○旦顯春秋左傳昭三年讒鼎銘 愆言昭四年子產引逸詩 ○然遷

越語范蠡引所聞得時無怠節 遠反遠范蠡引所聞聖人之功節 ○反遠論語子罕篇引逸詩 ○然安離騷 反

遠 遷盤同上 淺翩閒九歌湘君 蘭言淺湘夫人 閒蔓閒山鬼 反遠國殤 暖

寒言天問 安遷同上 變遠九章惜誦 拌援 言然 遠壇同上 愆遷哀郢 霰

見 反遠同上 願進抽思 搏爛橘頌 仙延遠遊

本音

元 从一兀聲 按兀聲在脂部段云古音元兀相爲平入也

元聲 玩 或 貦芫翫刓完冠頑忨沅蚖黿阮転今作軏轉入聲唐韵魚厥切

完聲 莞睆讀若患 筦梡俒鯇垸院寏字或體重出 俒姚云完亦聲今从之

釆 古𠂻 辨別也象獸指爪分別也讀若辨

釆聲 𢍏讀若書卷經典偏旁作龹

龹聲 [illegible]讀若權 眷券腃𧯞𨾴絭帣卷豢拳𤝞(奐)轉尤部

卷聲 圈棬倦鬈捲⿰阝卷 卷省聲 券

番或蹞 古丣 姚云釆亦聲

番聲 璠蕃譒播橎讀若樊 鄱旛蹯幡皤或⿰番頁磻⿰犭番⿰鼠番讀若樊 燔⿰豸番潘播古⿰番攴繙

蟠

旛聲 ⿰氵旛

潘聲 藩籓

半 从八从牛

半聲 胖判伴袢讀若普 泮姅絆畔⿰半斗

吅 从二口讀若讙

吅聲 單雚患古閱卝聲⿱卝心

單聲 禪簞嘽殫觶或⿰角辰觗簞樿鄲癉憚僤襌⿰豸單驒燀⿰舌單憚鱓闡撣戰

匰彈或⿰弓丸繟蟬鼉壇

雚聲瓘罐讙矔驩⿰角雚又讀若綰權酄觀古舊歡貛驩爟或烜懽灌⿰弓雚蠸勸

連

連聲蓮謰槤㦁鰱鏈

延

从延丿聲丿聲在支部

延聲䢭誕籒這筵梴郔䄹砋挻鋋脠錯作脡

干

从一从反入

干聲玕古垾䑑迂衎⿰齒干訐靬皯盰鼾骭肝刊竿邗旰旱罕衦岸豻或犴忏

汗閈扞奸釬軒干（天）轉眞部（舌）轉脂部

旱聲⿰旱攴睅或睆駻悍戰

岸聲⿰馬岸　岸省聲炭本錯岸聲

睆聲皢

厂籀厈姚云籀文干聲

厂聲雁鴈彦产

雁聲䧹

彦聲諺顔籀[illegible]

彦省聲産

産聲[illegible]滻鏟

姦古[illegible]姚云古文旱聲

姦聲[illegible]

䇂从干二二古上字讀若愆

䇂聲言篆作言从口䇂聲中畫不當曲李斯刻石如此人皆效之

言聲琂唁

䜌 古𢇍 䜌亂也一曰治也一曰不絶也从言絲

䜌聲 孿孌矕鸞臠欒巒㰚戀欒圞攣變彎蠻孿

攣聲 𡢘　鸞省聲 䜌

羨 从次从羑省

羨聲 𨘢䍐

曼 从又冒聲 冒聲在幽部 錢大昕云釋文隱元年無使滋蔓蔓音萬桓五年曼伯曼亦音萬古有重脣無輕脣故曼萬同音六朝人始讀萬爲輕脣今人習於所聞並讀曼爲輕脣則失之遠矣春秋戎蠻子公羊作戎曼子

曼聲 蔓[illegible]謾幔獌慢鰻嫚縵鏝或槾木部重出䡬

蔓聲 鄤

反 古 反

反聲 叛返春秋傳𢓇䟦[illegible][illegible]坂汳販𨋎阪

楙从爻从林

楙聲樊棥分諄部隸作樊

樊聲藩𩓔見讀若樊幡攀

𠬥或攀姚云或體樊聲

夐从旻从人在穴上

夐聲瓊或璚瓗琁旋省聲𤩽瓊讀若瓗譞瓊或鐍

夐省瓊奐鉉本無聲字

奐聲寏或院或體自部重出渙換

焉焉鳥黃色出於江淮象形

焉聲蔫鄢傿漹嫣

叀古𠀐叀小謹也从幺省屮財見也屮亦聲 屮聲在脂部

叀聲專

古韻通說卷十 元 五

專聲　蓴膞篿團傳磚塼鱄槫嫥縳轉

斷古㓥刌姚云古文㡭聲　張彥惟云史記齊悼惠王世家召平引道家言斷亂爲韵淮南子原道下斷然爲韵

斷聲　躖

𢇍或剸姚云或體專聲

袁小徐祛妄云袁說文从衣㞢省聲陽冰云从衣中口非㞢省臣鍇以爲㞢丑善反豈得不爲袁之聲不知陽冰所謂也按據鍇說則今本作叀省聲者乃後人據李陽冰改㞢叀俱从中聲在脂部

袁聲　遠古𨗨睘驚視也說解引詩曰獨行睘睘釋文本又作焭姚張並云本是焭叚借睘爲之隸偏旁作𥅆　圜轅

睘聲　環鐶還譞矎翾檈圜儇獧懁擐嬛繯蠉轘

還聲　櫏

圜聲　擐姚云今本脫此字據司馬貞史記賈誼傳索隱補　圜省聲　譞

繯聲　䙡

爰

爰聲 瑗諼暖楥讀若指撝鍇作讀若檍 𧢼媛援媛𦒍或𦒻蝯鍰𩔢

𤔔古𤔔

𤔔聲 𢿱覶嬽籀𤕓詩曰婉兮嫋兮張彥惟云女部別有孌字與此籀文無異意者古只有孌字後增嫋遂重出耳今詩仍用籀文

亂从乙从𤔔姚云亂亦聲

𣦼从又从歺讀若殘鍇本有歺亦聲三字 歺聲在脂部

𣦼聲 餐或湌粲 粲省聲 𡜑

戔

戔聲 俴𧗳踐諓殘箋虥餞棧賤帴讀若末殺之殺鍇本讀若椒樧之樧 俴𤞑淺綫古線錢䧖

醆

棧聲 𣘻

咼俗咼

咼聲[illegible]顧

冎从冎口聲　按口聲在脂部　段云有聲字者非疑未可據

咼聲[illegible]腡剮[illegible][illegible][illegible]騧煱[illegible]籒[illegible]渦[illegible][illegible]緺蝸堝[illegible]讀若鍋[illegible]瘑姚云今本脫此字據文選卷廿五注補

[illegible]

[illegible]聲[illegible]

[illegible]省聲[illegible]隸作展

展聲[illegible]姚云今本脫此字據藝文類聚卷九十三補　[illegible]省聲[illegible]

丹古[illegible]彤

丹聲旃或旜

柬

柬聲 諫楝煉湅闌練鍊輣 鍇本有周禮曰小樂正鼓輣讀若引十一字

闌聲 蘭讕或譋籣瀾或漣

蘭聲 爤或燗灡

濑 姚云敕亦聲

旦 从日見一上一地也

旦聲 䀠古𩏂怛𢘅 鉉以㥁爲怛或文張彥惟云㥁說解引詩曰信誓㥁㥁按怛㥁疑是二字怛音轉入㥁音讀去故引詩在㥁下 鉉誤以㥁爲怛或文而改其注耳 鴠䩥笪亶疸但袒炟黖組坦

亶聲 鱣䁴鸇籒鷐膻饘檀儃氈顫驙澶鱣䪜蟺擅嬗蟺壇鱣

羴或羶 羴羊臭也从三羊或體亶聲

羴省聲 鮮

鮮聲䲜讀若斯

鱻新魚精也从三魚　段云凡新鮮鮮明字皆當作鱻自漢人始以鮮代鱻如周禮經作鱻注作鮮是其證今鮮行而鱻廢矣

䲜姚云𩺰亦聲

㫃古文㫃旌旗之游㫃蹇之皃从屮曲而下垂㫃相出入也讀若偃

於聲㫃倝籀倝

倝聲翰雗鶾韓榦乾鶾幹讀若浣　榦乾擀斡幹姚云今本脫此字據六書故弟二引唐本補　榦

𠦝本錯本俱从倝然𠦝曰倝非聲知原本有聲字轉魚部

斡聲𩠋

榦聲瀚或浣

乾聲鄿

看或翰姚云或體倝聲

旋 張彥惟云詩子之還兮釋文云韓詩作嫙亦作旋

旋聲 嫙縼鏇 旋省聲 淀

夗 轉臥也从夕从卪臥有卪也

夗聲 苑詋眢鴛𥁕盌宛或惌𠨲怨古𢙈𡖛餐 夗省聲 𡖊或腱

宛聲 琬菀婉畹輐

毌 穿物持之也从一橫貫象寶貨之形讀若冠

貫 从毌貝姚云毌亦聲

貫聲 遦摜

㪔

㪔聲 𢕟㒖 隸作散

散聲 饊霰或霓 散省聲 潸

耑 物初生之題也上象生形下象其根也

耑聲 喘遄諯讀若專 腨剬觽篅椯稀褍歂讀若車輇 顓[illegible]讀若捶擊之捶 貒端惴湍揣[illegible]

耑省聲 段

遄聲 [illegible]

段聲 [illegible]段或緞碬姚云今本誤作碫據篤公劉釋文改按詩館亂碬諸陸于引說文下又引字林大喚反說解引鄭公孫碬左傳釋文作段亦音徒亂反知唐本不从叚也 [illegible]鍛

宀 交覆深屋也象形

𡫳 隸作寒

寒聲 [illegible]

寒省聲 蹇[illegible]褰騫

褰聲 攐

褰省聲 搴

安 从女在宀下

安聲荌[illegible]鴳案晏[illegible]侒頞或齃洝按

晏聲曕　妟省聲妟

妟聲宴鮼或鰋匽

匽聲鶠郾偃褗揠蝘或[illegible]

官

官聲菅逭或爟輨管古琯館棺倌悹涫捾婠讀若楚郤宛綰讀若雞卵輨

憲從心從目害省聲害聲在脂部

憲聲藼或蕿萱蘐

見

見聲莧哯[illegible]睍晛俔靦或[illegible]硯蜆垷

弜二丹也

弜聲巺古𢁉篆巽

巺聲選譔顨或𨅊僎鐉

山宣也宣氣散生萬物有石而高象形

山聲訕邖疝汕

屾二山也闕　段云此謂缺其讀今音所臻切恐是肊說

廛

廛聲躔纏

丸仄从反仄

丸聲芄骫肒紈

𢽻說解云闕段謂其義其形其音說皆闕也廣韵芳万切與嬎娩二字同音集韵于願切今姑系丸聲之次

莧山芊細角者从兔足苜聲讀若丸　苜聲在脂部

見聲䁥讀若謹寬

寬聲髖

肰从犬肉讀若然

肰聲肰或𦟝姚云或體本作𦟝與一下重出嚴氏據漢書改作𦟝良是　按張氏同

然聲嘫橪𠑨撚嫾䋡

衍

衍聲愆或𡩟寒省聲籀諐侃聲　衍省聲衡

泉

𤂬三泉也闕段云此謂未詳其音也今音詳遵切依附泉之雙聲爲之今姑系泉聲之次

𠫐篆原水泉本也从𠫐出山下　隸作原

原聲源謜傆願豲讀若桓愿嫄縓

燕

燕聲酀曣驠嬿

䙴或𨘷古䙴䙴升高也从舁囟聲或䙴隸作䙴囟聲在之部

䙴聲遷古拪𨞇僊

閒古𨳡

閒聲瞯鷳僩橌癇僴鬝䮗撊澗嫺鐗

簡聲㵎簡省聲䭑

閑門部木部重出

緐或𦃇从糸每聲每聲在之部

緐聲蘩讀若飯

卵古卝凡物無乳者卵生象形姚云今本脫古文从嚴氏補段云張參五經文字云卝說文以爲古卵字按鄭注周禮卝人卝之言礦也是

以礦釋卝未嘗曰卝古文礦也自劉昌宗徐仙民讀卝侯猛虢猛反謂卽礦字後人遂於說文礦篆後益之曰卝古文礦因於卝篆後刪卝古文申矣豈知絆从卝聲關从絆聲許說形聲固幷幷有條如是哉

卝聲 絆

絆聲 關

亘 亘隸作亘

亘聲 䱅䱅讀若讙 桓宣貆狟查洹絙垣籀䡅

宣聲 愃 宣省聲 咺

鸛 或難 古難 難 難鳥也从鳥堇聲 堇聲 在諄部此字重收歌部

鸛聲 灘 灘俗灘 鸛省聲 歎 籀歎

難省聲 灘古 漢聲 張彥惟云難借爲難易之難音轉爲儺故其聲除灘外俱通入歌部今元部歌部兩收

歎省聲 嘆

遴省聲[illegible]

覍籒昪或弁隸作弁下

弁聲 昪閞拚[illegible][illegible]讀若糞[illegible]

面

面聲 靦偭愐湎緬𩈵

虔虎行皃从虍文聲讀若矜文聲在諄部

虔聲[illegible]愆讀若[illegible][illegible]

鬳姚云說解从虍聲據六書故引唐本改虍省聲按虍聲在魚部不相近姚說是也

鬳聲 獻甗讀若言

獻聲 瓛[illegible][illegible]讞或[illegible]古[illegible][illegible]轉脂部

般古𦨕

般聲盤𣪈槃古鎜𤄷盤瘢幋鬆䰉磐鞶盤

班隸作班

祘从二示讀若筭

祘聲蒜

㕣古容山間陷泥也从口从水敗皃讀若沇州之沇

㕣聲船沿鉛(兌)轉脂部

衮从衣公聲張彥惟云似有誤然古衮卷通借卽从公聲亦當轉音入此部姚補正篆衮或文衮而云今本脫正篆據釋言釋文補今系㕣聲之次陳立曰㕣聲是也

閦試力士錘也从鬥从戈戠省讀若縣

閦省聲㡯讀若環

歬不行而進謂之前从止在舟上經典偏旁通用前張彥惟云管子地員篇衍山箭檀逡爲韵

寿聲薵翿㓹隸作前𢍭

前聲箭翦煎湔揃媊

湔聲葥

建从聿从廴張彥惟云宋玉風賦楗爛爲韻

建聲鞬楗健鍵

㐰从㐰㐰古文信从川隸作侃

侃聲遃鬻或餰飦𩞁

次或㑴姚云侃聲𤈦

辡从二辛

辡聲辬辨瓣辮辦

辯从言在辡之閒姚云辡亦聲

譱篆善隸作善

善聲膳鄯僐⿰善頁蟮繕

爨穡㸑

爨聲韉讀如論語鑽燧之鑽或韉

⿱大旻从大旻讀若齒鍇本旻下有聲字疑誤多張彥惟云

臤張彥惟云史記封禪書從捥漢書作擥則擥捥古今字說文無捥字當从宛聲故次此

臤聲堅賢掔

⿱䀠丿目圍也从䀠丿讀若書卷之卷古文以爲醜字案鍇本醜字二字作靦

⿱䀠丿聲⿱䀠大讀若傷

⿱䀠大聲顯嫚

鬳

嵩聲鶮𨗿曤鶴嵩𩦧讀若冂

過聲邁篟匳 過省聲鷸

雋 肥肉也从弓所以射雀

雋聲臇或𤎥臇讀若纂檇鐫鐫讀若瀸

芇 相當也闕讀若冂

繭 古絸 繭从糸从虫芇省鍇本作𦃃張彥惟云皆不成字當是𦃃[illegible]苗云从芇聲亦近是

繭聲襺

華 箕屬所以推糞之器[illegible]象形 唐韻北潘切段云篇韵皆音畢此古今音讀不同也[illegible]今讀北潘切之入聲蓋以平入通轉耳

糞 棄除也从廾推華糞[illegible]也官溥說似米而非米者矢字 隸作糞

糞聲䆏讀若靡瀵讀若粉

睿 或濬古濬 濬深通川也从谷从𣦵𣦵殘地阬坎意也虞書曰睿畎澮距川 張彥惟云棄瑢古文从容睿古文从睿疑互爲聲也

叡古睿籀⿰睿𡈼張彥惟云案睿引春秋傳曰睿弁玉纓今作瓊弁又書舜典在璿璣玉衡史記律書作旋璣鋌曰旋今與璿同意古璿瓊旋互爲用蓋音同也

叡聲⿰金叡讀若紃姚云今本誤从叡據廣韻改段氏張氏俱謂从睿聲是

睿聲璿古璿籀⿰睿𡈼姚云今本籀文脫从玉據玉篇廣韻集韻類篇改

删張彥惟云宋玉神女賦閇閉寬珊爲韵

删聲⿰舟删删省聲珊狦姍

筭長六寸計歷數者从竹从弄言長弄乃不誤也張彥惟云班固竇車騎北征頌顧戰筭爲韵

算數也从竹从具讀若筭張彥惟云張衡西京賦館婉算爲韵

算聲⿰算攴⿱算韭或饌籑⿰算韭讀若以芥爲齏名曰芥荃也⿰氵算匴篹纂

全篆全古𠓝仝从入从工姚云今本正篆誤作仝據五經文字改作仝張彥惟云司馬相如封禪文觀全爲韵揚雄元后誄

全聲荃牷跧詮佺恮絟銓輇讀若饌

宧張彥惟云列子楊朱篇宧牛爲韻

便从人更張彥惟云景差大招媔嘕娟便爲韵媔嘕娟三字說文皆無

便聲**鞭**古**㝑**[illegible]**鯾**或**鯿****緶**

允信也从儿㠯聲隸作允　㠯聲在之部　張彥惟云劉歆遂初賦寒浚爲韵張衡西京賦竿桓綖後藩殘爲韵按㫃部旞下說解云導車所以載全羽以爲允允進也允進以聲近爲訓眞元古通韵也

允聲**吮夋**[illegible]**沇**古**台**姚云古文口部重出今本誤作沿**鈗阭**

夋聲**鋑逡駿梭俊駿狻焌踆悛浚捘畯陖酸**籀**䤹朘**姚云今本在新附據老子釋文移此

俊聲[illegible]

陖聲[illegible]或**峻**

酸聲[illegible]

兟从二先贊从此闕張彥惟云案與贊同聲說具陽部从下

贊 从貝从兟　張彥惟云宋玉神女賦見贊爲韵

贊聲 瓚𩞃𥳑讀若 饡𢶍酇儹灒𡢕纘鑽

頭 選具也从二頁　段云頭選𢀖韵丌部曰巽具也顨具也人部僎具也是巽頭顨僎四字義同玉篇曰頭古文作選　唐韵士戀切

顨 巽也从丌从頭此易顨卦爲長女爲風者　案今通借巽字姚云頭亦聲

㬎 衆微杪也从日中視絲古文以爲顯字或曰衆口皃讀若唫或以爲繭繭者絮中往往有小繭也　按此字重收緝部

㬎聲 顯

顯聲 𩦲

縣 張彥惟云張衡西京賦縣辨燕徧見爲韵徧爲合韵

縣聲 䌼

彖 豕走也从彑从豕省　張彥惟云段借作彖辭褚少孫龜策列傳椽全爲韵

彖聲 鶨篆椽掾緣蝝隊

篆省聲瑑

邍 高平之野人所登从辵备彔闕張彥惟云今通借原周禮倘作此

馬 馬一歲也从馬一絆其足讀若弦一曰若環 段云絆其足三字衍文一說絆字廣韵書字書皆作馵疑非是不當从十也弦小徐作絃葢譌釋嘼元駒音義曰元字林作駽音同廣韵駽胡涓切馬一歲語必本諸字林葢字林始變馬爲駽也

冤 冤聲菟䩥或鞔黦讀若飴登字婏

婏 兔子也从女兔

㚘 从二夫輦字从此讀若伴侶之伴

輦 姚云㚘亦聲輦聲鄰

扇 从戶翍省 案此从鍇本鍇曰會意鉉本作翍聲葢誤段依韵會本从戶羽唐韵式戰切

扇聲 傓⿰虫扇

聯 連也从耳耳連於頰从絲絲連不絕也 案聯連同音爲訓

聯聲 ⿱絲耳

㚷 訟也从二女唐韻女還切

耎 从大而聲讀若畏偄 而聲在之部

耎聲 ⿱艹耎腝或臡稬偄姚謂耎亦聲今从之碝⿸鹿耎煗渜媆⿰耎瓦緛蝡⿰口耎陾

乚 匿也象迟曲隱蔽形讀若隱

（幵）平也象二干對構上平也 段云許書無岍字蓋古祇名幵山必岐頭平起之山也既从二干古音仍讀如干 幵聲轉脂部又轉耕部

幵聲 趼詽雃鳽⿱幵頁繭讀若 研豣麉⿰犭幵⿱艹⿱幵灬汧鬜妍

研聲 ⿰石華

栞篆栞 槎識也从木㚘闕夏書曰隨山栞木讀若刊 張彥惟云鍇本闕作聲說文無㚘字姚引嚴氏謂古文幵未知其審篆文幵聲 案

嚴氏謂𡗗卽幵古文用筆多作兩岐𩏑古作𦍒韓古作匽是也

𡴟　書　𡴟商𠫤云小塊也从𠂤从臾臾古文蕢字隸偏旁作　姚云今本誤从臾據說解改　唐韵去衍切

書聲　遣

遣聲　譴

孨　从三子讀若翦

孨聲　孱

孱聲　僝　姚云今本脫此字據文選卷十六注補

厲　本音在脂部

厲聲　[illegible]

穿　通也从牙在穴中

㢟　安步㢟㢟也　唐韵丑連切

迣聲 追

幻 从反予

𣧠 禽獸所食餘也从歺从肉唐韵昨干切案當爲殘省聲

虤 虎怒也从二虎唐韵五閑切

盥 从臼水臨皿唐韵古玩切

片 判木也从半木 段云片判疊韵爲訓周禮媒氏掌萬民之判喪服傳曰夫妻牉合也牉當作片卽媒氏判字漢書一半冰亦叚半爲片字

件 段云半下云物中分也从八牛件乃半之誤體大徐補入今仍刪按段說是

仚 人在山上从人从山

通韵

孫順艱諄部韵 翩進眞部韵以上聲近相通○附說文 虔文聲諄部來讀若矜入眞部 焚楙聲分諄部 難蒸𦰩聲諄部來 鯿鯾之或體扁聲在眞部 瀵讀若粉入諄部 𤸫讀若紃入諄部 䡅縉本讀若引入諄部 馬讀若弦入眞部以上聲近相

通

轉音

實本音在質部顧云夫子傳易四用此韵於蹇於鼎皆合於蒙於泰殆不可曉或古又有此音按實从宀从貫宀與貫皆此部中字或兼用二字之聲未可知也○附說文元兀聲脂部來說詳彼袁蛍省聲脂部來案蛍从屮聲屮讀若徹而說文蛍讀若騁者以雙聲為聲今音五善切亦與屮為雙聲疑古原有此音故袁字从之餘詳本字下叀屮聲脂部來肙口聲脂部來𣦻歺聲脂部來憲害省聲脂部來莧苜聲脂部來舌干聲轉脂部兌台聲轉脂部欁或櫱古栓獻聲轉脂部辥聲全聲俱在脂部耎而聲之部來與囟聲之部來毓每聲之部來允㠯聲之部來延丿聲支部來○以上諸字俱說詳彼𢆉干聲轉覃此干字古有兩讀之證詳脂部轉音綰下曼冒聲幽部來以雙聲為用奐𠬞聲轉幽部按說文以宛釋奐則奐字自有𠬞音唐韵烏到切入幽部疑亦聲近相轉耳斡倝聲轉藥入魚部此去入通轉之證齃頞之或體曷聲轉脂部按釋名頞鞍也知頞古讀如安而唐韵烏割切是从平轉入之證然漢時或體已从曷聲矣䚡觶之或體辰聲在諄部此不謂通韵而謂之轉音者禮經之觗較觶為古辰从厂聲與氏同在支部辰氏音最相近故觶當从觗轉非从觶轉也觗禮經觶字氏聲轉支部按禮記釋文觶支豉切是觶單之雙聲从氏蓋古禮經本从氏後人變从觶因讀觶與氏聲相近

璚瓊之或體矞聲鐍觼之或體矞聲瓊讀若繘俱入脂部按夐之古音當讀如權故璚讀若瓊瓊之或體亦爲琁春秋傳璿弁玉纓今作瓊弁矞本从冏聲唐韻余律切古音當讀近決正與夐爲一聲之轉今音讀瓊入庚清韵者亦夐下引詩叚夐爲煢之類並與矞聲相近瓗瓊之或體巂聲在支部互詳脂部轉音變下袢讀若普轉魚部袢普䨮讀若斯轉支部䨮鮮斯俱一聲之轉[illegible]又讀若犅入脂部亦以雙聲爲用稜讀若靡入歌部與脂部葩之或體从麻貢聲畧同梭讀若指撝入歌部鍇讀若檍入之部耑讀若捶擊之捶入歌部案此部與之脂聲轉最近而於歌部絕遠嘗疑古歌部字皆讀入之支脂三部此亦其證樧讀若末殺之殺鍇讀若椒樧之樧俱入脂部亦千吉獻樧之類鑴讀若瀸轉侵部與干字兩讀相似㬎讀若唫唫轉侵部段云當作讀若口唫之唫別是一音濕隰字从之爲聲此當讀濕音故顯字从之爲聲今重收元緝二部幵幵聲轉脂部又轉耕部其本音則在此部按此字廣韵有堅牽二音堅之轉如雞此笄枅等字入脂部之證也牽之轉如輕此形邢等字入耕部之證也萬本音在脂部說詳彼蘺離聲轉歌部亦是本音說詳彼

論曰眞諄二部所分祇在幾微元韵則古來殆與他部同用故宜別眞諄而自成一部也惠肙憲亘等字多與脂部通轉與諄部焞頎等字畧同而較有別者諄部字今多讀入微韵元部特其音轉耳又凡先韵字分入此

者皆與今讀相似不必轉聲如詩之肩僊二字可見也在眞部之堅則爲居因切在諄部之先則爲蘇斤切皆須轉聲其他皆類是故其本音以此爲斷

贊曰眞諄之類至元以宣口侈聲大其音闓然平之入與脂共貫于舌台兌入聲隨音遞變以月配元陸非無見

古韻通說卷十一

弟十一部魚

平　上　去　入

魚模　語姥　御暮　陌鐸昔

分虞　分麻　分虞　分馬　分遇　分禡　分藥

詩韻

砠瘏痡吁周南卷耳四章　華芳無切　家古胡切○桃夭一章　罝子余切　夫兔罝一二三章　楚馬滿補切○召南漢廣二章　居御召南鵲巢一章　筥釜采蘋二章　下後戶切　女三章　露夜羊茹切　露行露一章　牙五胡切　家三章　下處殷其雷三章　渚與與處江有汜二章　華車九魚切王氏應麟曰古車本音居至漢以後始有尺遮反之音○何彼穠矣一章　葭古胡切　豝博胡切　虞騶虞一二章　茹據愬　怒邶柏舟二章　羽野上與切　雨燕燕一章　居諸日月一二三四章　土處顧一章　處馬下

擊鼓三章　下苦凱風三章　羽阻雄雉一章　雨怒谷風一章　故露式微一章　處與旄邱二章
舞處簡兮一章　俁舞虎組二章　虛邪以諸切　且子余切○北風一二章　狐烏車虛邪且
三章　虛楚鄘定之方中二章　雨毋蝃蝀二章　旟都組五予干旄二章　瓜古胡切　琚衛木瓜一
章　且且王君子陽陽一二章　楚甫揚之水二章　蒲許三章　滸父父顧葛藟一章　野馬
馬武鄭叔于田三章　馬組舞舉虎所女大叔于田一章　射都故切　御二章　路祛惡故鄭遵
大路一章　車華琚都有女同車一章　蘇華都且山有扶蘇一章　楚女女揚之水一章　闍當胡
切　荼荼且藘娛出其東門二章　著素華齊著一章　圃瞿夜莫東方未明三章　鱮雨敝笱三章
洳莫度度路魏汾沮洳一章　岵父陟岵一章　鼠黍女顧女土土所碩鼠一章　鼠女
女二三章　莫除居瞿唐蟋蟀一章　楚戶者者掌與切○綢繆三章　杜湑踽父杕杜二章
祛居故羔裘一章　羽栩盬黍怙所鴇羽一章　楚野處葛生一章　夜居四章　苦下與
采苓二章　楚虎虎禦秦黃鳥三章　渠餘輿輿權輿一二章　鼓下夏後戶切　羽陳宛邱二章

栩下東門之枌一章　紵語東門之池二章　顧予墓門二章　馬野株林二章　華家檜隰有萇楚二
章　羽楚處曹蜉蝣一章　股羽野宇戶下鼠戶處豳七月五章　瓜壺苴樗夫六章
圃稼古護切○七章　雨土戶予鴟鴞二章　据荼租瘏家三章○今本租作祖非从毛傳改　野
下東山一章　宇戶二章　羽馬四章　湑所處九罭二章　胡膚狼跋一章　胡膚瑕洪孤切○
二章　馬盬處小雅四牡二章　下栩盬父三章　華夫皇皇者華一章　家帑圖乎常棣八章
許藇羜父顧伐木二章　湑酤鼓舞暇後戶切湑三章　固除庶天保一章　作側助切莫
家故居故采薇一章　盬處采薇三章　華車四章　華塗居書出車四章　杜盬杕杜一二章
湑寫想羽切　語處蓼蕭一章　茹穫六月四章　鼓旅采芑三章　午馬麌所吉日二章　羽
野寡果五切○鴻雁一章　野渚鶴鳴二章　牙居祈父一章　栩黍處父黃鳥三章　樗故居家
我行其野一章　祖堵戶處語斯干二章　除去芋三章　魚旟無羊四章　雨輔予正月十章
徒夫馬處十月之交四章　圖辜鋪雨無正一章　夫夜夕惡二章　都家七章　土沮小明

一章　屢寡小宛五章　且辜幠巧言一章○段云唐石經作憮誤　幠辜同上　怒沮二章　舍商羽
切　車盱何人斯五章　者諛。虎巷伯六章　雨懼女子谷風一章　夏暑予四月一章　下
土北山二章　土野暑苦雨罟小明一章　除莫庶暇顧怒二章　處與女四章　廬瓜
菹信南山三章　祖祜四章　鼓祖雨黍女甫田二章　湑寫寫處裳裳者華一章　扈羽胥
祜桑扈一章　譽射車舝二章　女舞三章　湑寫四章　楚旅賓之初筵一章　鼓奏。祖二章
語羖五章　蒲居魚藻三章　筥予予馬予黼采菽一章　股。下紓予三章　餘旟盱都人
士五章　鱮者采綠四章　御旅處黍苗三章　虎野暇何草不黃三章　狐車四章　尋祖大雅
文王五章　旅野女大明七章　父馬滸下女宇緜二章　徒家五章　梠柘都故切　路固
皇矣二章　怒旅旅祜下五章　許武祜下武五章・去呱訏路生民三章○此分章从朱　御斝
古護切○行葦三章　渚處湑脯下鳧鷖三章　野處旅語公劉三章　車馬卷阿十章　怒豫板八
章　呼夜蕩五章　度虞抑五章　宇怒處圉桑柔四章　沮所顧助祖予雲漢四章

去故莫虡怒六章馬土崧高五章下甫烝民一章若賦二章茹吐甫茹吐寡禦
五章舉圖舉助補六章祖屠壺魚蒲車且胥韓奕三章土訏甫噳虎居譽五章
車旟舒鋪江漢一章滸虎土三章土。祖父戎。常武一章父旅浦土處緒二章
武怒虎虜浦所四章臄斁夜譽周頌振鷺鼛虡羽鼓圉奏。舉有瞽沮魚潛
祜嘏果五切○載見馬且旅馬有客下家訪落女筥黍良耜馬野者魯頌駉一二三四章
嘏洪孤切魚祛邪徂四章下舞有駜一章武祖祜泮水四章黍秬土緒閟宮一章
武緒野虡女旅父魯宇輔二章祖女三章嘏魯許宇八章鼓祖商頌那祖
祜所烈祖武楚阻旅所緒殷武一二章以上平上去聲
莫濩綌斁周南葛覃二章石席邶柏舟三章落若衛氓三章席作鄭緇衣三章蘀伯蘀兮
一二章薄鞹夕齊載驅一章碩獲秦駟鐵二章澤戟作無衣二章穫蘀貉豳七月四章
駱若度小雅皇皇者華四章（亦）繹車攻四章澤作宅鴻雁三章蘀石錯鶴鳴四章藿

古韻通說卷十一 魚 三

夕客白駒二章　閣橐斯干三章　惡懌節南山八章　作莫度獲巧言四章　踖碩炙莫庶

客錯度獲格作楚茨三章　碩若大田一章　洛瞻彼洛矣一二三章　白駱駱若裳裳者華三章

柏(亦)懌頍弁一章　炙酢瓠葉三章　赫莫獲度廓宅大雅皇矣一章　席酢行葦三章　炙臄

咢四章　懌莫板二章　格度射抑七章　作獲赫桑柔十四章　伯宅崧高二章　碩伯

八章　貊伯壑籍韓(亦)六章　業作常武三章　柞澤周頌載芟　駱雒繹斁作魯頌駉二章

博斁逆獲泮水七章　繹宅貊諾若閟宮七章　柏度尺舃碩(亦)作碩若九章、斁(亦)

客懌昔作夕恪商頌那　以上入聲

經韵

雨處周易上經小畜上九　輿廬剝上九　穫畬无妄六二　牙衢大畜六五上九　華夫大過九五

股馬下經明夷六二　孤夫膚睽九四九五　孤塗車弧弧睽上九　譽故蹇初六六二　膚且

夬九四　魚膚且魚瓜姤九二九三九四九五　徐車困九四　輔序艮六五　處斧旅九四

下若二巽九　下斧九上　土下傳離象上　下與女傳咸象下　下與恆　所與艮
魚虛字中　下普傳乾象上　與下隨　下與下剝　下與輔下過大　處下下象
傳咸　下與困　下舍與井　雨暑女繫辭上傳鼓之以雷霆以下　處語或出或處二句　馬
下下傳服牛乘馬以下　處宇雨上古穴居以下　居虛變動不居二句　度懼故其出入以度三句　舉
懼二多懼二句　虎覩下文言傳乾　下舍上同　居著傳襍卦　故旅下寡處上同　○祖
社辰五切　女尙書甘誓用命賞于祖以下　女赦湯誓予則孥戮女二句　怒數敘洪範我聞在昔以下　惡
路無有作惡二句　敘膴五者來備以下　庶夏雨庶民惟星以下　○湑脯序祜儀禮士冠禮再醮辭　楚俎
三醮辭　假果五切　甫字辭　○所女考工記梓人祭侯辭　○賈野旅大戴禮曾子制言上篇近市無賈二言
馬下五帝德篇春夏桀龍以下　魚徒子張問入官篇水至清二句　土雨所古祜公冠篇上天祝辭　土
雨者下土祝辭　○舍固禮記曲禮上將適舍二句　戶下將入戶二句　武虎怒前朱鳥節　土戶禮運
後聖有作節　戶下俎鼓嘏祖子下所祜禮運元酒在室節　旅膚鼓武雅阮古切　語古

下樂記子夏對魏文侯　夏露孔子閒居天有四時以下　舉士。處所射譽射義引詩○瑕家春秋左傳閔元

年引諺　社輔閔二年卜辭　爻所筮辭　去餘狐僖十五年筮辭　孤弧姑逋家虛伯姬嫁秦

筮辭　汙瑕垢宣十五年伯宗引諺　詐虞宋盟楚書　家夫襄四年引虞箴　豝野馬昭二十五年童謠

豬伍與襄三十一年鄭人誦　豬豭定十四年宋野人歌　盧瓜夫辜哀十七年衛侯夢渾良夫歌○黍

廡晉語叔詹引諺　吾烏枯優施歌　詐賂輿人誦惠公　所御野與越語范蠡引所聞往從其所以下

○夜夏論語微子篇八士二叔○豫助豫度孟子梁惠王篇引夏諺○如余且爾雅釋天月名　辜涂

同上○與莽序暮度路離騷　路步　武怒舍故　索妒　子野　狐家　輔

土　圃暮　夜御下乎佇妒馬女　下女　固惡漘古　慕女女　迎。故

舉輔　女下　與乎　車疏　都居竝同上　渚下浦女與九歌湘君　渚乎

下湘夫人　浦者與同上　下女乎大司命　華居疏同上　下予少司命　鼓篴嫮

舞東君　渚下浦乎河伯　下雨乎山鬼　馬鼓楚國殤　鼓舞與古禮魂　錯洿故

天問衙居如所處羽故懼輔緒怒固並同上下所九章惜誦如居
雨宇涉江如蕪哀郢給怒抽思姑祖同上莽土懷沙下舞故慕莫故
錯懼度路思美人莽草度暮故並同上虞處曙去悲回風紆娛居
同上語曙遠遊都如同上居戲荒胡切霞洪孤切除于居都閭路度顧
路並同上　以上平上去聲
虩啞周易下經震虩啞初九索矍上六作圻彖下傳解柝客繫辭下傳重門擊柝二句薄射
錯逆說卦傳雷風相薄以下○度索大戴禮子張問入官篇揆而度之二句射莫投壺篇命射辭○席諸禮記
曲禮上毋踏席三句席作尺將及席以下炙酪帛朔禮運以炮以燔下席帛炙魄莫腥其俎節
宅壑作澤郊特牲大蜡辭惡碩大學引諺○度擇春秋左傳隱十一年引諺炙獲昭二十七年公子光
引上國言○作客越語范蠡對天時不作二句○錯度離騷迫索宅或作字[illegible]若柏作九歌
山鬼度作天問射若同上釋白惜誦薄薄同上蹠客薄釋哀郢作椁同上

莫[illegible]遠游　以上入聲

本音

魚

魚聲穌

穌聲蘇

鱻二魚也鍇本也下有闕字

瀻篆漁瀻捕魚也从鱻水姚氏謂然亦聲篆文則魚聲也

魯从白鱻省聲鱻聲在歌部

魯聲𣞀或𪉈櫓或樐

丁篆下

下聲芐

[illegible]从四屮讀與冈同

茻聲䒬隸作莫莽

莫聲嗼謨古暮慕膜模鄚摹瘼幕募貘驀慔慕漠墓嫫蟆寞貘鏌

古古嘏

古聲祜苦詁[illegible]故[illegible]胡盬枯固[illegible]或[illegible][illegible]罟岵居怙沽鹽姑蛄辜古[illegible][illegible]

轉覃部隸作敢

苦聲楛

胡聲瑚餬[illegible]湖

固聲[illegible]箇或體鈜云俗書今刪棝涸或[illegible]讀若狐貈之貈婟錮

辜聲嫴

酤聲酷

鼓郭也春分之音萬物郭皮甲而出故謂之鼓从壴支象其手擊之也　籀𪔳

鼓聲　瞽

壴从屮从豆

壴聲　憘鼓鍇本讀若屬今誤借鼓

吳古𠯶

吳聲　誤虞俁娛

虞聲　噳

牙古𤘗牡齒也象上下相錯之形

牙聲　芽訝或迓或體鉉補十九文之一　雅枒邪衺庌釾

牙聲　邪

疋足也上象腓腸下从止古文以爲詩大疋字亦以爲足字或曰胥字一曰疋記也

疋聲 𤕰疋胥楚䟽 疋讀若 貝所 疏

胥聲 𦟄埍 讀與細同 或 婿諝楈 讀若芟刈之芟 稰㥠湑鱛揟蝑

疏省聲 梳

夓 古𩏂 夏 隸作

舁 从臼从奴 讀若余

舁聲 輿

輿聲 轝

攴 矩也家長率敎者从又舉杖

攴聲 甫布斧

甫聲 莆哺逋䱚逋誧䮒 或 釜専脯簠 古 医餔䭱逋圃郙痡䃰俌 讀若 撫 補

𥖄 鬴 匍 𤕰 豧 悑 或 怖 浦 捕 鋪 輔 酺 䀋 䩉 本轉幽部並 無聲字非

布聲抪

尃聲[口尃]博蒪敷髆膊[韋尃]榑傅溥搏縛鎛

浦聲蒲

博聲[彳博]　博省聲[齒尃]

傅聲[衤傅]

溥聲薄

薄聲鑮　薄省聲[禾尃]

叚古𠬪譚長𧗄借也闕

叚聲瑕葭徦[足叚][言叚][韋叚]椵讀若賈暇瘕假豭騢[雨叚]鰕蝦鍜碬鍇本作碬段聲張皋文云此俗語字

豭省聲家古𡧿

家聲稼幏嫁

眀 从二目讀若拘又若良士瞿瞿

眀聲 瞿讀若章句之句 [illegible][illegible]

瞿聲 躣讀若劬 忂衢躣臞懼 古䀠灈[illegible]擢

奭 目裏也从眀从大大人也唐韵舉朱切○段云以小雅仇讀爲郝求之古音當在幽侯部

奭聲 郝䣍部轉幽

諛 相誤也从言朋聲唐韵古罵切○張彥惟云説文無朋字疑卽奭字姚次朋聲未詳所本

矍 隹欲逸走也从又持之矍矍也讀若詩云穬彼淮夷之穬一曰視遽貌

矍聲 躩蠼玃攫彏钁

蒦 或彠从又持萑

蒦聲 護韄矆鑊 或觸或从角从閒 臒在讀若 穫獲[illegible][illegible] 鍇本讀若瓠 擭蠖鑊

烏 古緑於 孝烏也象形孔子曰烏盱呼也取其助氣故以爲烏呼 古文經典作於

烏聲 瑦鴮鄔歍隝

於聲 菸瘀淤閼

予

予聲 芧舒柔杼伃孱序豫古孫抒紓野古埜

巨

或榘古𢀖規巨也从工象手持之

巨聲 苣歫齟距柜蚷鉅

榘省聲 䆽或秬渠

渠聲 鸈

乎

語之餘也从兮象聲上越揚之形也

乎聲 呼評虖枰

虖聲 嘑謼鏬槴鄺虖虖或隊

亐於也象气之舒亐从丂从一一者其气平之也隸作于

亐聲玗芋吁口部于部重出迂訏䍐盱竽盂杅䓼或荂艸木華也从𠂹亐經典通用華邘又讀若區宇

箍寓衧夸好忏汙雩或䨗扜玗紆

荂聲䟊

夸聲跨誇胯刳郀侉洿絝

污聲姿

雩聲謣或譁樗或檴鄠

𣏕或釫亐兩刃臿也从木𦍌象形○姚云或體于聲

𦾓榮也从艸从𠌶經典作華○姚云𠌶亦聲

𦾓聲譁𦾓省聲𦾓

虍虎文也象形鍇本有讀若春秋傳曰虍有餘九字張皋文云案公羊傳曰盱有餘

虍聲 虘盧虜虛慮膚篆蠦獹鑪

雇聲 僱見韓歌部

虘聲 戲

虜聲 擄讀若鹵 𩸞鑥

虛聲 嘘歔魖

慮聲 勴鑢

盧聲 廬獹盧

遽聲 蘧遽

盧聲 蘆鸕臚籚廬籚櫨艫顱爐廬驢黸攎纑壚鑪

処 或處 或體虍聲

虎 山獸之君从虍虎足象人足象形

虎聲琥虤

虢虎所攫畫明文也从虎寽聲段云各本作寽聲非也虢當在魚部从虎寽會意今音古伯切

虢聲漷虢

豦从豕虍讀若蘮蒘草之蘮張彥惟云說文無蘮字若从劂則轉胎部聲

豦聲蘧噱遽劇姚云今本在新附據文選卷九廿一廿八注移此或云劇力部勮字未見其確𠊎據勮𧇊醵或𨠔

虡或鐻篆虡虞鐘鼓之柎也飾爲猛獸从虍異象其下足或文豦聲篆文虡省

凵或筁凵盧飯器以柳爲之象形

凵聲厺隸作去

去聲麮袪祛魼阹胠𧇄狤蒛怯胠狤皆以雙聲爲聲𧇄唐韵呼濫切未知古今音讀所由異

舍

舍聲䣉涻捨舍省聲余

古韻通說卷十一　十

余聲荼悇徐敘筡讀若梥餘賒郲稌俆䤛駼悆涂捈畬斜讀若茶除酴讀若廬

除聲蒢篨

[illegible]讀若余

䠶篆射

䠶聲謝麝

𣞤豐也从林𠀤或說規模字从大𠀤數之積也林者木之多也𠀤與庶同義隸作無

𣞤聲璑蕪瞴膴讀若謨舞古𦏶鄦讀若許嘸廡[illegible]廡憮潕撫古𨑜嫵無古文奇字无

[illegible]

舞聲[illegible]

毋止之也从女有奸之者○張彥惟云古毋無通用

旅古𣃨从㫃从从𣃨古以為魯衛之魯

旅省聲玈姚云今本在新附據左傳僖二十八年疏移此

𣍘聲者別事詞也从白𣍘聲𣍘古文旅字張臯文云𣍘卽𣍘也其字到此與長从亾同意到旅別旅也

者聲諸𩰾或煑𩱷書隸作書睹古覩𥌻䐗箸楮或柠都暏暑瘏者褚屠豬

豬奢籀奓渚闍緒堵籀𩫖陼

諸聲藷儲

箸聲櫡𥗽

屠聲𨇨𨝹

豬聲藸

奢聲譇

呂篆膂脊骨也象形篆文旅聲

呂聲莒筥梠閭

瓜瓠也象形

瓜聲苽呱觚柧窊⿸尸瓜狐⿱大瓜泒⿰卵瓜⿰扌瓜

孤聲箛

狐聲⿱艹狐

居俗⿸尸古蹲也从尸古者居从古○姚云俗體銘作踞足部重出據鍇本改汗簡引作㞐

居聲琚踞腒椐倨裾涺鋸

凥孝經居字如此

庶从广炗炗古文光字

庶聲蔗嗻遮蹠樜蟅　庶省聲度席古𥑾說解云从石省

度聲⿰度攴或剫或體刀部重出張參惟云或借剫為斁也渡

席聲蓆

斝从吅从斗冂象形

馬古影籀影怒也武也象馬頭髦尾四足之形姚云今本古籀皆作影嚴氏據汗簡證籀文無髦抜籀文騧作騧嚴說是張彥惟云注明云影籀文馬與影同有髦嚴改非也古與籀當筆迹小異故云與影同有髦耳此籀文依鍇本寫若孫剡鉉本則筆迹亦無小異

馬聲禡䣕㾺𢉖

圉

夫

夫聲麩或䴸枎邞𥝩䲖扶古𢱢蚨鈇

雨古𠕲

雨省聲黍

戶古𢨼半門曰戶象形

戶聲雇或𩿧籀鳸扈古𡰛古文右不成字鍇云从辰巳之巳段云疑从戶而轉寫失之也妒𢨴讀若阹陌之陌所

雇聲顧

所聲齭

女婦人也象形王育說

女聲䐢汝

奴

奴聲呶𧫷或駑㚢帑䋈砮怓怒拏弩𣏗

如

如聲茹郍帤恕古忞挐桇

挐聲𣸣

武楚莊王曰夫武定功戢兵故止戈為武

武聲賦陚

乍止也一曰亾也从亾从一隷作乍

作聲詐胙笮飵柞昨秨作阼酢

作聲詐筰作省聲迮怍

土地之吐生物者也二象地之下地之中物出形也

土聲社古䄕吐徒杜（牡）轉幽部

與古舁黨與也从舁从与

與聲璵鉉補礖譽鸒旟歟礜鸒姚云今本脫此字據集韵類篇王應麟詩攷補𢊍懙鱮轝嬩讀若余

旟聲瀩

与一勺爲与与與同

且古𠀃薦也从几足有二橫一其下地也几古文以爲且又以爲几字

且聲祖珇苴咀趄鉉補𧻚或徂籀𨒪詛䳜殂古𣦼胆虘柤䣜租粗𥘿罝或𦋈

篇䖯伹租岨䖠豠駔狙柤沮抯姐錯本讀若左組坥助鉏阻

祖聲蒩

虘聲齇謯叡樝鄌𢕍覷𨔎嫭禮

租聲耝

沮聲菹或蘁

助聲耡

菹聲蕰或蘁

俎从半肉在且上

車䡞䡨

宁从辨積物也象形

宁聲眝羜羊貣宁讀若寍貯紵或縛齡

宝流聲虛

亞 醜也象人局背之形賈侍中說以為次弟也

亞聲 **啞䛩惡𤸰堊錏**

晉 姚云說解闕嚴氏謂亞聲魏石經以此為惡字見汗簡張彥惟云案而讀若晉疑晉即晉隸省此部聲也

五 古文乂 五行也从二陰陽在天地間交午也

五聲 **吾伍**

吾聲 **䓊衙齬語敔梧圄郚晤寤寤**𪖇**寤**鼯讀若 **悟古齋浯鋙**

禹 古文 蟲也从厹象形

禹聲 **瑀萬犸**或**齲踽楀鄅**讀若規榘之榘**䨞瞗**

巴 蟲也或曰食象蛇象形

巴聲 **靶杷皅豝把鈀**

肥聲葩

𢂑攎擊也从巴帚闕　段云攎者反手擊也今之琵琶古當作攎𢂑大徐傳下切按此字當是从帚巴聲

午牾也五月陰气午逆陽冒地而出此與矢同意

午聲許杵汻

卸从卩止午讀若汝南人寫書之寫

御古馭

御聲禦䘚或魰䥏或鋙

圄

蠱

普从日从竝鍇本竝聲鍇曰傳寫誤多聲字

步

步聲[illegible]跳

襾覆也从冂上下覆之讀若晉○按晉卽晉字

襾聲賈

賈聲檟

羽鳥長毛也象形

羽聲詡栩[illegible]𩂣

寡从宀从頒

壺昆吾圜器也象形从大象其蓋也

𦃃隸作素

鼠穴蟲之總名也象形 隸作鼠

㚔所以驚人也从大从羊一曰大聲也讀若瓠一曰讀若籋○籋聲在脂部此字重收緝部○按㚔聲之字俱在緝部則讀若籋者是其正音此

讀若𤜶者是別一音史記外戚世家嘍大姊何藏之深也索隱嘍烏百反正義訓爲責失聲也與此字音訓皆合李當卽嘍字

各

各聲　䓁路詻輅略雒鵅骼胳挌觡䒰格賂客頟䛖孔子曰䛖之爲言惡也　駱鮥洛䨮鮥閣挌絡垎略鉻輅

路聲　璐鷺露古簬潞露

客聲　愙

洛聲　落

[亦]人之臂亦也从人象兩亦之形　隸作亦

亦聲　奕（变）迹轉脂部　[夜]夾省聲　夜（狄）轉脂部

夜聲　液掖

睪　按左氏楚人謂虎於菟班書作於檡竝音塗檡字从木睪聲正轉此部

睪聲 燡譯⿱睪言斁殬圛檡襗嶧驛澤擇繹鐸

擇聲 ⿱睪手

靃 飛聲也雨而雙飛者其聲靃然 隸省作霍

靃聲 籱或籗

戟 从戈倝聲鉉本無聲字有讀若棘三字張彥惟云宋鉉云非聲則鍇本爲許原書可見鉉刪聲字謂當从榦省不知榦固倝聲也〇宋倝聲在元部

赤 古𤆍 赤从大从火

赤聲 赦或𢻹郝⿰赤隶

赦聲 螫

赫 从二赤

若

若聲諾碏婼匿轉之部若省聲蓄

谷或𧮫臄谷口上阿也从口上象其理

谷聲谺郤卻綌或峪

郤聲𣘘

卻聲腳㕁𢞔𧍢

屰不順也从干下屮屰之也

屰聲咢隸作咢逆鷟朔萼讀若腭㡿隸作斥蚸

咢聲遻鄂籗噩鄂按漢書律歷志咢布於午故咢與午同韵

逆聲縌

㡿聲𨨏姚云今本誤从斥乃隸變又云㡿説解引漢令𧊒張百人今史記注漢書作蹶張㡿當从厥省後人轉譌耳篇韵皆以𧊒為蹶

之或體訴或謝愬姚云今本正篆誤从斥鉉校亦誤㯰泝或遡坼

𩫏 度也民所度居也从回象城𩫏之重兩亭相對也或但从口○張彥惟云古文墉與此同　隸偏旁通用享

𩫏聲 椁 郭 崞

郭聲 鞹 漷 霩

索

索聲 𡩡

𡭴 際見之白也上下小見

𡭴聲 虩 ⿰虫𡭴 隙

乇 艸葉也从垂穗上貫一下有根象形○按春秋左傳哀四年亳社公羊作蒲漢書地理志秺孟康音妒秺字不見說文然必爲宅聲也

乇聲 吒 託 亳 秅 宅 古 ⿰土乇 厇 ⿰乇頁 魠 奼

託聲 ⿱宀託

秅聲 ⿸广秅

乇聲侘

昝籒腊昝乾肉也从殘肉日以晞之與俎同意隸作昔

昔聲錯遣䱜或齰踖諎讀若笮或唶耤借厝[illegible]惜猎措蜡錯斮稓讀若笮醋

昔省聲虘讀若鼏張皋文云疑冥省聲

措聲藉籍[illegible]

籍省聲[illegible]

舄籒䧿篆文昔聲

舄聲寫獡鉉本讀若愬

夕莫也从月半見

夕聲穸炙

白古白从入合二

白聲碧迫敀柏帛伯皅狛讀若檗甯嚴讀之若潑泊怕鮊

尺从尸从乙○按漢書律歷志蒦於尺故尺與蒦同部

石山石也在厂之下口象形○按春秋左傳哀十二年公會吳于橐皋釋文橐章夜反又音託

石聲祏跖磔柘橐袥祏碩鼫拓或摭斫

橐聲櫜蠹或螙

炙籀𤏫

炙聲䂻

㕡或壑讀若郝

辵从彳从止讀若春秋公羊傳曰辵階而走○張彥惟云今傳辵作躇案說文無躇字竊意躇之譌辵聲正宜此部

百古百張彥惟云王褒僮約客白百索爲韵

百聲佰洦𢪏

初 从刀从衣○張彥惟云張衡西京賦書初錯爲韵

笸或互 可以收繩也从竹象形中象人手所握也○張彥惟云管子內業篇枯叵爲韵說文無叵字當是互聲易大畜爻辭豶豕之牙釋文鄭讀牙爲互左思吳都賦路布夸互爲韵

互聲 枑 置

巫古𢍉 祝也象人兩褎舞形與工同意○張彥惟云揚雄太常箴巫魚巫書爲韵

巫聲 誣

夃 从乃从夊詩曰我夃酌彼金罍 錯曰今詩作姑

兔 張彥惟云孫子九戰篇女戶兔拒爲韵司馬相如上林賦兔去爲韵

⿱兔⿰兔兔 疾也从三兔 唐韵芳遇切

䨣 雨濡革也从雨从革讀若膊 錯作从雨革聲非是

䨣聲 霸古⿱罒日

鹵 西方鹹地也从西省象鹽形○張彥惟云張衡西京賦馬寫鹵爲韵

庫 兵車藏也从車在广下○張彥惟云張衡東京賦國塗庫暇爲韵

丮 持也象手有所丮據也讀若戟

𠃨 亦持也从反丮闕○段云闕謂音讀不傳也後人讀居玉切此因毛傳云拮据戟挶也丮讀如戟故𠃨讀如挶手部挶戟持也不云𠃨挶同字當从益闕

兆 廱蔽也从人象左右皆蔽形讀若瞽○段云音語在列者獻詩使勿兜疑兜或當爲兆韋昭曰兜惑也

兜 兜鍪首鎧也从兆从皃省皃象人頭形唐韵當侯切

兜聲 **兜**

隻 从又持隹持一隹曰隻持二隻曰雙唐韵之石切

𧰨 豕也从彑下象其足讀若瑕

麤 行超遠也从三鹿

麤聲麤

㲋籒㲋獸也似兔象形

㲋聲[illegible]讀若薄

叒籒𣒚字日出東方湯谷所登榑桑叒木也象形　鍇本湯作暘木上無叒字　張皋文云叒木今作若木石鼓文若字作𦱋蓋从右叒聲鍇以此爲榑桑字音桑故桑从叒聲非是

臭从大从白古文以爲澤字

㗊从四口讀若戢又讀若呶　重收緝部按此當从呶之轉音讀女交切

通韻無

轉音

母本音在之部聲轉如今音疑古原有此讀猶侮本母聲而轉入侯韻也　謀本音在之部轉音讀如謨　奏本音在侯部轉音讀如助　投

股本音在侯部轉音如今讀　戎本音在東部轉音讀如汝常棣四章與務協亦聲近通轉之例江有誥以此爲武之譌未知其審　子本音

在之部聲轉如今音𢊁本音在陽部轉音讀如古土本音在之部轉音與今讀爲近坧本音在矦部轉音讀如故迎本音在耕部屈賦與故韵當讀如迓所謂聲隱義轉者或有汝義遂有汝音䑽有身義遂有身音皆此類也草本音在幽部轉音讀如楚○附說文魯魚省聲歌部來說詳彼叙古聲轉晉部以雙聲爲用䖑盧聲轉歌部說詳彼牡土聲轉幽部當於土之雙聲求之韓乾聲元部來說詳彼讀若棘在之部古讀棘當如革與此部格聲近匿若癸轉之部聲相近迹狄亦聲轉支部說詳彼明讀若拘瞿讀若章句之句鑺讀若勑邪又讀若區四字聲轉皆入侯部竊意句區等字漢時已如今讀埒讀與細同在之部㡯讀若蘜草之蘜在脂部二字皆與今讀爲近楈讀若芟刈之芟按芟本从殳聲當在矦部通轉則入此部皆爲正音戕部霰讀若芟乃其轉音今皆讀如轉音矣辿撫之古文亾聲在陽部按古亾無字通故改讀讀與撫同非以聲相轉也姐讀若左轉歌部姐左雙聲也涸讀若狐貈之貈舟聲轉幽部不可通疑古已讀貈爲貉今故借貉爲貈而涸字之本音必讀如貉無疑也臒讀若霍轉宵部聲相近鼓鍇本讀若屬轉屋韵爲蕭之入唐韵亦作之錄切今讀爲鼓其字亦誤爲鼓狛讀若蘗按說文無蘗當即檗字支部聲唐韵博厄切此字从辟之轉音讀如帛與白聲近當嚴讀之若疫泊則在此部虘讀若鼏轉支部與覛聲近互詳本字下夲讀若薾脂部聲轉緝部說詳彼牖甫聲轉幽部不甚可通疑有誤春秋傳宣十五年地名無婁公羊作牟婁亦魚部轉幽部之證咠讀若嚴重收緝部詳本字下

論曰此部顧以魚虞模侯通為一前江氏轉侯入尤幽部段氏又分侯自為一部次於幽魚之間而魚侯幽乃各成為一部蓋亦祖述江氏之意也夷攷此部中字古經皆獨用與他部不相襍兩漢魏以後始讀車邪華瓜等字入麻韵蓋古人聲斂今人聲侈然以三百篇及羣經用韵攷之其麄而訂之易易也中惟與侯分之處其界甚微然皆可謂之轉不可謂之通如韵中羖股二字其本音皆如今讀而伯兮一章殳與驅韵則殳原非此部聲疑羖股二字皆以殳字雙聲為用與說文之構讀若殳及朐聲下之句音于聲下之區音並同（句本讀如溝區本讀如歐聲轉則如今讀疑此二字古原有二音也）不得執此四字遂為魚侯互通之證也今故於其近似者絕之而魚部之眞音始出又攷部中入聲字除專聲隻聲去聲乍聲等外餘者多自為部然就其同部者皆自平上去三聲而轉古韵亦尠同用其異部者如若字本有過音故

蒸民二章與賦韵至衞氓三章之韵落則轉爲入聲無疑斁字本有渡音故周頌振鷺與惡韵惡字可讀入聲尚未知斁必當讀如渡然洪範我聞在昔一節斁與怨敘韵又可證也至葛覃三章之韵綌則轉爲入聲無疑推之惡去惡入度去度入等字無不皆同必謂古一字只有一音要亦未必盡然又有謂古無入聲者則試觀此部中入聲字皆斷然自成爲一類與三聲絶少出入抑又何也劉申甫氏分陌藥自爲一部而曰此魚部之入古同用異部然此部入聲字與彼三聲同部者甚尠如上所數尃聲蒦聲等字無乃劉氏之言未審歟茲乃以平上去入四聲同部要之此等入聲字用時皆不能與平上去相通特其偏旁有與三聲同又爲此部轉聲之正故聯而合之凡部中入聲字以讀如鐸音錯音者爲正凡釋繹字皆當讀近鐸凡昔惜等字皆當讀近錯後人音轉乃分昔自爲一部不知昔韵中尺石等字皆當讀如卷舌音此則入韵分豪之辨

而知之者罕矣

贊曰魚之爲韻合口而呼自平之去厥聲紆徐唐虞交儆曰都俞吁是爲天籟相和嗎于絶房形似得此部居

古韻通說卷十二

弟十二部矦

平 上 去 入

矦 厚 候 屋分

分尤 分虞 分有 分麌 分宥 分遇

詩韻

蔞力矦切 駒居矦切○周南漢廣三章 笱後邶谷風三章 姝昌由切 隅蹰直由切○靜女一章 驅祛由切 矦戶鉤切○載驅一章 殳徒矦切 驅衛伯兮一章 咮媾曹候人三章 濡而由切 矦渝容周切○鄭羔裘一章 樞昌由切 榆容周切 婁力矦切 驅愉容周切○唐山有樞一章 芻窗矦切 隅逅逅綢繆二章 駒株陟由切○陳株林一章 駒濡驅諏子矦切○小雅皇皇者華二章 豆飫具及矦切 孺央矦切○常棣六章 枸當口切 楰容九切 耇後南山有臺五章 駒矦游白駒三章 餱具無羊二章

瘉容九切後口口愈容九切侮莫厚切○正月二章笱後小弁八章樹上書切數蘇厚切口厚
巧言五章裕羊晝切瘉角弓三章駒後傴烏侯切取此苟切○五章隅趨士騶切○縣蠻二章附
符晝切後奏侮大雅緜九章禡附侮皇矣八章句古侯切鍭樹侮行葦六章主當口切醹
而口切斗耇七章厚主卷阿二章渝驅板八章隅愚魚侯切○抑一章漏覯七章後
鞏○後瞻卬七章后後周頌雝后后商頌〔元〕鳥以上平上去聲
谷周南葛覃一二章角古屋切族麟之趾三章角屋獄獄足召南行露二章樕鹿束玉野有
死麕二章束讀讀辱鄘牆有茨三章曲藚玉玉族魏汾沮洳三章匊居屋切篤唐椒聊二章
驅續轂馵玉曲秦小戎一章奧菽豳七月六章屋穀七章蜀宿○東山一章谷木小雅伐木
一章穀祿足天保二章穀玉鶴鳴二章谷束玉白駒四章穀粟穀族黃鳥一章祿僕
祿屋正月三章屋穀祿椓獨十三章粟獄卜穀小宛五章木谷六章濁穀四月五章
奏祿楚茨六章霂渥足穀信南山二章木附猷○屬角弓六章綠匊局居玉切沐采綠

一章　束獨白華一章　祿僕既醉七章　鹿穀谷桑柔九章　谷穀垢十二章　以上入聲

經韻

寇媾周易上經屯六二　須思由切　濡賁六二九三　寇媾賁六四　寇媾下經睽上九　鮒符晝

切　漏井九二　主蔀薄口切　斗豐初九六二　蔀斗主九四　聚祚候切　聚象下傳萃　樹數

繫辭下傳不封不樹二句　晝涉由切　遇牛候切襍卦傳○　侯侯攷工記梓人祭侯辭○　呴口大戴禮武王踐

祚篇機銘○　渝羭容周切○春秋左傳僖四年繇辭　儒而由切　郰陟由切○襄四年晉人歌　僂郎口切　傴烏后

切　俯方九切　走侮口昭七年引正考父鼎銘　主數昭七年引武王告諸侯　誅陟由切　侯襦而由切○

昭二十五年引童謠　竇踰容周切○哀十七年衛繇辭○　詬厚離騷　屬具同上　屬數天問　厚取

同上　駒兜扶由切　軀祛由切○卜居　以上平上去聲

禿谷覯徒谷切○困初六　足餗渥鼎九四　木桷古木切○漸六四　屋覿豐上六○　族睦

尚書堯典以親九族二句○　鴝辱春秋左傳昭二十五年引童謠　鴝哭同上○　濁足孟子離婁篇引孺子歌　欲

祿天問 木足思美人 屬穀遠游 以上入聲

本音

矦春饗所䠶矦也从人从厂象張布矢在其下

矦聲 喉䐈餱鄇候猴鯸緱鍭

朱○按莊子庚桑楚南榮趎新書勸學作南榮跦淮南修務篇作南榮疇向秀莊子音義趎音疇

朱聲 珠茱咮誅殊[illegible]株邾祩洙姝絑鼄或蛛銖

芻刈艸也象包束艸之形

芻聲 犓趨齺鶵雛籀鶵鄒騶媰縐

句从口丩聲隸作句丩聲在幽部

句聲 竘苟跔拘笱鉤敂讀若扣 翑雊鴝朐㓘枸𥝩邭眗痀佝耇欨駒狗齣訽

讀若䶰 姁約讀若鴝 蚼𪕳斪軥酗

昫聲 煦

竘聲 蒟

口 人所以言食也象形

口聲 𧥢叩扣釦

後 古𨒥

後聲 𦄽 末練治纑也唐韵空谷切苗據集韵二洪改洪聲下

具

具聲 𣅻俱颶犋

婁 古𡡓籀𡠿

婁聲 蔞遱謱數髏膢窶樓鄹寠瘻僂褸屢廔漊饖摟簍螻塿鏤

數聲 藪擻

古韵通說卷十二侯 三

取

取聲 菆鋷齱諏叢丵下云叢生艸也讀若浞丵叢以雙聲爲訓叢从取亦雙聲也棷郰[illegible]冣聚鯫掫娶陬

叢聲 藂

聚聲 驟　聚省聲 埾

几鳥之短羽飛几几也象形讀若殊

几聲 殳鳧

殳聲 芟羖股投𡚽詩曰靜女其𡚽

投省聲 吺

杸軍士所持殳也从木从殳○張彥惟云姚氏謂即殳字加木是也此在殳部當爲殳亦聲

寇从攴从完

寇聲 滱

冓交積材也象對交之形

冓聲遘講篝韝構購覯溝媾斠

豆古[illegible]

豆聲逗梪豎籀豎豉古文豉如此脰短郖侸讀若樹裋頭鋀

梪从木从豆○張彥惟云姚氏謂即豆字加木是也此木豆之梪今皆通用豆

尌立也从壴从寸持之也讀若駐

尌聲樹籀𣖳廚澍

丶有所絕止丶而識之也　隸通用主

丶聲主

主聲鴸柱宔罜駐麈往注妵

咅或𣢾聲相與謂唾而不受也从丶从否否亦聲　隸偏旁作音○否聲在脂部

音聲菩卽蔀本字䓯匐讀若踣腤剖䓯䍌棓部𩯍涪瓿

部聲䣊

㫗厚也从反亯○張彥惟云此㫗薄字今皆借厚字矣姚以爲厚卽㫗加厂也

厚古垕

后

后聲茩詬或詢銗郈呞垢

付與也从寸持物對人

付聲祔符柎府疛駙怤泭鮒拊紨坿附

府聲腐

軵反推車令有所付也从車付讀若茸宋本小徐本茸作胥

俞从亼从舟从巜巜水也

俞聲瑜逾踰諭羭榆鄃牏窬瘉㡏褕覦歈姚云今本在新附據後漢王霸傳注移此貐愉渝

揄媮匬緰蝓輸隃𨡕

禺母猴屬頭似鬼从甶从禸

禺聲藕喁遇齵髃耦寓或庽偶(逢)頁部嵎㥥湡鰅堣隅

愚戇也从心从禺禺猴屬獸之愚者○姚云禺亦聲

桒古𡴀致進也从夲从廾从屮屮上進之義隸作奏

奏聲湊

需从雨而聲○而聲在之部

需聲臑儒繻䰭獳鉉本讀若槈懦濡擩嬬繻醹

屚屋穿水下也从雨在尸下尸者屋也

屚聲漏

區从品在匸中 區聲 蓲謳毆驅樞傴軀福歐貙驅古毆漚鰸摳嫗甌彄軀醧

斗

斗聲 枓

臾

臾聲 萸諛腴楰瘐斞

匧从匸丙聲鉉曰丙非聲當从内會意疑傳寫之誤○張彥惟云班固竇車騎北征頌豆陋爲韵張衡西京賦陋趣具爲韵

匧聲 陋

侮古㑄从人每聲古文母聲○每聲母聲俱在之部

晝籀書从畫省从日

須面毛也从頁从彡

須聲盨顉或齃頦顡

〔夭/止〕从夭止

鋀或𧯠酒器也从金𧯠象器形○張彥惟云莊子齊物論搆鬬為韵呂氏春秋孟春紀貴公考斲豆鬬寇為韵王褒僮約賣鬬酒口斗偶為韵酒合韵也楊雄解難斲後為韵

𧯠聲𧢊讀若兆斲或𣃔姚云錯本或體晝聲今本誤從晝據玉篇改

斲聲鬭𩰲

鬥兩士相對兵仗在後象鬥之形隸作門○按說文鬭遇也以疊韵遇爲訓段云古鬭接用鬭字鬥爭用鬥字俗皆用鬭為爭競而鬥廢矣

卜古𠁦

卜聲卧攴隸偏旁作攵朴仆卜省聲赴

角獸角也象形角與刀魚相似

角聲觕姚云今本脫此字據公羊隱元年釋文補桷确或㱿斛

木冒也冒地而生東方之行从屮下象其根

木聲沐

沐聲霂

朿从口木

朿聲速籀遬古警誎棟欶涑娕讀若謹敕數數

速聲鬻或餗[illegible]

遬聲藗

欶聲𣚕瘶姚云今本缺此字據一切經音義卷十八廿二補漱鏉

[illegible]古文睦先聲○先聲在幽部

[illegible]聲賣讀若育隸偏旁作賣

賣聲蕒遺讀讟韇殰櫝贖牘儥黷瀆嬻匵續春秋左傳文六年續鞫居即狐鞫居平入通轉不嫌

亙借古賡从庚貝隮古續

讀省聲犢賣

族矢鋒也从㫃从矢

族聲蔟嗾鷟鏃

㮚籀𥻆

彔刻木彔彔也象形

彔聲祿菉錄逯睩讀若鹿剝或𠜁𧡨娽綠錄

屋籀𡱂古𡈽居也从尸尸所主也一曰尸象屋形从至至所至止室屋皆从至

屋聲喔幄偓渥握古𡈽

豖豕絆足行豖豖从豕繫二足

豖聲琢啄毅椓瘃涿豖亥奇字[illegible]家

鹿

鹿聲 簏或箓麓古[illegible]漉或淥

獄 从㹜从言

獄聲 鸑嶽古𡴳象高形張彥惟云今岳字蓋由此而譌 獄省聲 哭

凹聲 [illegible]

谷 泉出通川爲谷从水半見出於口

谷聲 鵒或[illegible]从隹从臾按當是臾聲 俗裕欲[illegible]浴鋊

欲聲 [illegible]

凹 古⺃象器曲受物形或說曲蠶薄也 隸作曲

蜀 葵中蠶也从虫上四象蜀頭形中象其身蜎蜎詩曰蜎蜎者蜀

蜀聲 噣[illegible]躅斀髑觸韣襡屬歜獨燭濁鐲斣

屬聲 欘孎斸

辱

辱聲 蓐籀[illegible]槈或鎒鄏溽縟

玉古𤣩

玉聲 頊𠙺隸作曲

曲聲 [illegible]

局局促也从口在尺下復局之一曰博所以行棊象形

局聲 挶

足人之足也在下从止口○按漢成帝紀永始三年顏師古注趣讀曰促

足聲 促浞捉

菐瀆菐也从丵从𠬞𠬞亦聲隸作菐○火聲在東部

業聲 僕或䁤樸撲墣或圤䗱

僕聲 樸濮纀

䌖 素屬从素火聲○按火聲見上唐韵居玉切

竹 冬生艸也象形

竹聲 筑簹篤䈞或築竺

筑聲 築古𥳑 筑省聲 蓻

䈞省聲 鞫或𦐇 姚云今本正篆誤從䈞省據玉篇改鞫或䩴𥵠𦐇此字小徐本有作𥷚云䈞省聲者蓋誤張氏據此補鞫篆亦非

𥫼聲 鶵𥫼或𥫼

匊

匊聲 菊𥷚鞠或𥶈𦝁蝌

蘄聲蘜䳩

㱿从殳青聲○青聲在東部

㱿聲殼轂觳斛讀若　㲉篝斅讀若㲉庫讀若　嗀斅㝅穀構讀若　㱿穀穀穀

穀省聲穀

玨或瑴二玉相合爲一玨姚云或體㱿聲

秃無髮也从人上象禾粟之形取其聲王育説蒼頡出見秃人伏禾中因以制字未知其審○段云粟當作秀以避諱改也禾秀之穎下垂屈處圓轉光潤秃者之首似之秀與秃古音皆在幽部故云取其聲今人秃頂亦曰秀頂是古遺語　按段言近理亦未知其審今分部姑从粟音

夓行夓夓也从夊闕讀若僕

瓜瓜从二瓜讀若庾

瓜聲㼌㼌姚云今本脱此字據召〈昭〉明釋文疏邢昺釋訓疏補㼌

耇老人行才相逮从老省易省行象讀若樹

丏冃也闕 段云此字音義竝缺後人說其義曰冃也說其音曰則候切皆取爲之非許意

乳从孚从乙乙者元鳥也

乳聲 ⿰氵乳

戍守邊也从人持戈○段云衛公叔戍世本作朱古音朱讀如州

⿰𠧪殳从殳从卣卣古文叀字

⿰𠧪殳聲 ⿺辶⿰𠧪殳讀若九 ⿰飠⿹勹又飽也○張彥惟云此爲詩饇字正文 廄古⿱九亯

⿱冃山从山从冃錯本讀若隅

頫或俛低頭也从頁逃省太史卜書頫仰字如此揚雄曰人面頫 錯本逃省下有聲字張皋文云誤多 或从人免

通韻

游猷俱幽部韻 宿睦屋韻中字爲幽部之入○以上竝聲近相通○附說文句丩聲幽部來 [illegible]先聲幽部來 絇讀若鳩在幽部 ⿺辶⿰𠧪殳讀若九在幽部 獳鉉本讀若檽在幽部 嗀讀若篘筝在幽部○以上竝聲近相通

轉音

飫天聲在宵部今讀其轉音爲依倨切入御韵正與此部聲近馮馬聲在魚部聲轉則入此部鞏巩聲在東部轉音讀如苟或曰此字有固義遂有固音然固當在魚部不得與後韵也○附說文䛤讀若齁轉魚部亦彼部中瞿𨘍等字之例䚂讀若兜轉魚部毄讀若庫轉魚部聲轉最近侮古㑄母聲每聲俱之部來以雙聲轉入此部需而聲之部來轉入此部疑古讀相近○按而字本有之部魚部二音其入之部者古讀而如能易屯卦宜建侯下釋文鄭讀而爲能漢人亦假耐爲能耐者耏之或體耏从彡而而亦聲則耐當亦从而聲也其入魚部者禮記禮運疏引說文而須也與今本而頰毛也不同知是古本而須以聲近爲訓古書或以而爲如或以而爲汝如汝皆魚部字與此部聲轉最近故需字从之得音咅否聲在脂部以雙聲轉入此部从咅聲者如倍掊結培陪醅六字今音皆入之部是仍从咅字本音轉入所通之部自來無與部中菩剖等字同用者䛒之讀若匐亦轉爲之部之入至於咅聲之所以入此專以易韻中蔀斗主爲定張彥惟謂蔀爲合韵凡咅聲字皆當入之部是亦爲倍掊諸轉聲字所惑耳今重收脂部䛒讀若匐說詳上敕東聲轉之部說詳之部本字下賡古文續从庚貝此本會意字庚亦有續義自爾雅以續釋賡尚書孔傳亦云賡續也遂以賡與續爲二字釋文所引諸家音切無不从庚聲入陽唐韵者矣此古字今讀之誤也叢𠬢聲在東部說詳彼𣪧青聲在東部說詳彼軵讀若茸轉東部宋本小徐本讀若胥是後人以形近肌改段氏說文注引淮南

古韵通說卷十二 侯 上

汜論篇曰相戲以刃者大祖軵其肘高誘云軵擠也讀近茸急察言之可知此讀之不誤矣又說林篇倚者易軵也注云軵讀軵濟之軵覽冥篇廝徒馬圉軵車奉饟注云軵推也讀楫拊之拊此二處大約以付爲形聲是高時固有兩讀也大徐而隴切今重收東部

論曰此部段謂與尤幽同入而無專屬之聲陽湖張氏作諧聲譜始以小戎之驅與續轂馵玉曲韵角弓之附與木猷屬韵猷爲通韵楚茨之奏與祿韵桑柔之垢與谷穀韵乃卽是聲引而申之然後此部之入聲與幽部判然爲二其分配之法較段最爲精審中惟書堯典之睦爲幽部通入此部易蒙之瀆又由此部通入幽部者也至部中婁聲句聲區聲取聲諸字今音半讀入魚模半讀入尤幽亭林顧氏以秦漢以來侯有胡音因轉侯入虞江氏古韵標準辨之甚詳仍轉虞入侯並侯入尤幽戴東原以此謂江優於顧段茂堂氏因之復分侯自爲一部次於幽魚之閒且謂侯古音近尤而別於尤愚則謂此部中字爲魚模轉入尤幽之漸故不嫌別而出之使之上絕於魚者正本音也下

隔於幽者著流別也

贊曰侯胡音轉今古攸殊分虞之半厥類惟幽通仰承侁注是在中游通眞聲未泯楚人是諏曲阜孔氏云此部音今湖廣人最得其似按楚人讀朱近州讀殳近售凡虞部中字多讀入此部乃與古音暗合也